中谷瑾子

児童虐待を考える

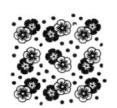

信山社

はしがきに代えて

本書には、私の児童虐待に関する論文の主要なものを収録し、発表の年代順に配列いたしました。

冒頭の論文「『核家族』と嬰児殺し」は、一九七三年（昭和四八年）発表のものです。その年は、最高裁で尊属殺違憲判決の出た年でした。また、コインロッカーへ嬰児が遺棄されていたという胸の痛くなるような事件の報道がなされた年でもありました。

二〇〇〇年（平成一二年）に書いた「児童虐待の現代的意義とその修正」を本書の末尾に収録しました。その年は、「パラサイト・シングル」という言葉を耳にし始めた年で、少年犯罪の凶悪化といじめの報道に繰り返し接することになる年でもありました。

そして、その二本の論文の間に、私が深く敬愛する団藤重光博士古希記念論文集に寄稿いたしました「児童虐待と刑事規制の限界」、そして、錚々たる執筆者のご協力を頂いて新書版（有斐閣刊）で刊行することの出来た思い出深い書物『子殺し・親殺しの背景』から、私の執筆した「子殺し・親殺しの法的側面」を収め、またその頃に執筆いたしました児童虐待関係の論文も収録しております。

私が法律を学びはじめたころ、私は旧制（大学）の最後で、当時は女性の法学研究者は皆無に近かった時代でした。その頃の女性の社会的地位はとても低く、また、社会福祉的バックアップ施策も皆無で、そのために社会的な手当てさえなされていれば避けることができたであろうと考えられる事件、悲惨な犯罪に女性が関わってしまうということが多く見られたのでした。

そのような社会的な立場が弱く、虐げられているもの、抵抗の出来ないものが事故に出逢ったり犯罪とのかかわりをもつようになってしまうことに対して、法や社会はもう少し何とかできないものか、私が法律を学んでいた頃、そのような気持ちがあったと思います。ドイツ留学から戻ってきてから、まず、医学部・文学部の教授にも参加していただいて「医療をめぐる法律問題研究会」を立ち上げましたが、次いで、刑事法学の第一人者・平野龍一東大教授のお勧めにしたがい、女性の研究者だけによる「女性犯罪研究会」という会を立ち上げて研究を行うことにしたのもその様なことと関わりがないわけではありません。

DVとか、様々な問題が生じてはいますが、今日では、社会は変わり、女性の社会的地位は随分と向上してきましたから、少なくとも本人が過った選択をしなければ、女性だからといって不幸な運命に流されるということは避けられるようになってきていると思います。しかし、その点から言えば、自ら自分のことを守ることの出来ない児童・子どもについては、現在でも変わりがありません。ですから、私は法制度としてもっともっと充実した、実効性のある制度を作り上げる必要があると考えているのです。

少し前に『児童虐待と現代の家族』という論文集（信山社刊）を岩井宜子教授、精神科医の中谷真樹氏とともに編集いたしましたが、それも、圧倒的に弱い立場の子どもたちに対して法的な保護の手だてを確立させたいとの願いからでした。たしかに、平成一二年に「児童虐待の防止等に関する法律」が成立していますが、自らを守る力のない子どもたちに対する法的枠組みとしてはまだまだ不十分で、わが国では、少子化が進む中で児童虐待のみは増加し続けるという一見矛盾した状態が続いているのです。

私は、慶應義塾大学において日本の法学部における初めての『医事法』という講座を設けるにあたって法律以外の多くの領域の方たち、それも各領域で名だたる先生方の協力を頂いて、学生の皆さんたちから好評を得ました。どのような感じの講座であったかについては、大東文化大学に移ってからの記録ですが、『医事法への招待』（信山社刊）としてまとめてありますので、興味を持たれる方はご覧になって頂きたいと思います。

法律学の先生のみならず関連する多くの領域の専門家の先生方のご協力を頂いて検討を行うという方式は、先に挙げた新書判の『子殺し・親殺しの背景』でも、また、『児童虐待と現代の家族』でも用いていますが、この方式はドイツに留学していた当時、チュービンゲン大学統計科学犯罪学研究所の初代所長、ハンス・ゲッピンガー（Hans Göppinger）教授の Haus Seminar で、刑法・犯罪学専攻者だけでなく、心理学者、社会学者等のいろいろな専攻分野の所員らによる合同の研究会で科学的・複合的研究が展開されることに強い感銘を受けたこと、そして、その後参加させて頂いたベルリン自由大学のエルンスト・ハイニッツ（Ernst Heinitz）教授の研究会で、医師、精神科の先生、心理学の先生たちが法律の先生たちと一緒に検討をおこない素晴らしい成果を挙げているのを眼のあたりにして、そのような方式を採用してみようと考えたからです。私はなかなか良い出来であったと自負しています。前記の新書版は直ぐに品切れになったと聞いていますし、『医事法への招待』に収録した講義では、最後の講義が終わったとき、自然に拍手がおこって、暫くはなりやまなかったことを印象深く記憶しています。

極端な少子化が進む中で増加の一途を辿っている児童虐待に真に有効な手だてをとるには、多くの関連専門分野の方たちの経験と英知を集め、かつ、ご協力を頂かなくてはならないと考えています。私は、慶應義塾大学・大東文化大学での医事法の講座にご協力下さった先生方、『子殺し・親殺しの背景』『児童虐待と現代の家族』のご執筆に協力して下さった各分野の先生方、また、いろいろな場面でご助力下さった皆さまのご厚情に心から感謝申し上げたいと思っています。そして、さらに多くの方のお知恵とお力をお借りすることによって、児童虐待への有効な対策と方途が見出されますよう心から願っております。

平成一五年一一月一七日

中谷瑾子

＊一九八四年「団藤先生古稀祝賀記念論文集」第三巻所収

1

「核家族」化と嬰児殺し

『ケース研究』一三五号（家庭事件研究会、一九七三年）所収

刑法学を専攻し、かつ女性犯罪にかなり強い関心をもっている私にとって、昭和四七年という年は、単に浅間山荘事件、テルアビブ乱射殺害事件、ミュンヘンでのアラブゲリラ事件、日航機の連続墜落事故、首相交替、総選挙における共産党の一大躍進等々、数えきれないほど事件の多かった年であっただけでなく、犯罪白書やマスコミで女性犯罪の増加、とりわけ、母による子殺しが大きくとりあげられたという点でも印象深い年であった。

たしかに、日常のマスコミの報道の中には、分娩直後、窒息死させた嬰児をシーツや下着、ズボンなどと一緒にダンボール箱に詰めて、上野駅のコインロッカーに遺棄したケース（四七年六月、後述ケース⑤）とか、妻子ある愛人の子を妊娠し、郷里に居づらくなって上京し、化粧品会社のマネキンガールとして働いていたが、出産後働きには出られず、愛人との結婚も望めず、生後十二日目の男の子を「勤めの邪魔になるため、ひと思いに殺」し、石膏詰めにしてダンボール箱に入れ、自室においていたが、アパートの人に子供のことを聞かれ、不審がられるため、アパートを移住したものの、家賃が払えなくなって他の荷物ともども部屋に残して行方不明になり、結局郷里で働いているところをつきとめられて、事後処理を管理人から問い合わされたのに対し、他の家具類等は処分して家賃に充当するよう指示したが、「押入れの中にある石膏の包みは大事なものなので、実家に送ってほしい」と頼んだところ、管理人はいわれるまま、F市宛国鉄の小包便で送ったが、そのとき異臭が強かった

表1

月別	警察庁による昭和47年中の嬰児殺認知数 (A)	昭和47年中，朝日新聞に報道された実継子殺し遺棄等の件数 (B)	(B)のうち母による嬰児殺し件数 (C)	(B)のうち(C)以外の子の殺害，傷害致死，遺棄，致死等の件数 (D)
1月	16件	1件	1件	0件
2	11	0	0	0
3	14	1	0	1
4	19	1	0	1
5	18	0	0	0
6	10	0	0	0
7	9	1	0	1
8	14	4	0	4
9	17	2	1	1
10	15	13	4	9
11	8	5	2	3
12	(a)未集計	3	1	2
合計	151(a)	31	9	22

ため、警察に届出、発覚したケース（一〇月五日付）とか、嬰児殺ではないが、宇都宮市のバーのホステス（三五歳）が、幼いわが子二人を自宅におき去りにして、戸を釘づけにして愛人と四日間も遊び回り、その間子供は飢餓のため仮死状態で見つかったケース（一〇月七日付）、さらにはへその緒のついたままの生後四、五日の捨て子（一〇月一六日、東京虎の門の地下鉄通路）のケース、妻に逃げられた千葉県の男と大酒飲みの夫に別れたい妻とが意気投合して、男は養女（七歳）を家においたまま、女は娘（三歳）をつれて静岡県にドライブに出かけたが、「子供がいては二人とも自由に遊べない」と、子供を東名高速道路に放り出

して温泉に出かけたケース（一〇月二九日付）など、今もなお人々の記憶に生々しい事件が報道された。このほか、東京朝日新聞紙上、昭和四七年一月一日から同一二月三一日までの一年間に嬰幼児殺し、遺棄、傷害致死等、子供受難の事件で報道されたのは、私の調べたところでは（もとより多少の見落しはあるかも知れないが）、加害者の性別を問わず総計三一件で、うち、母による嬰児（満一歳未満児）殺しのケースは九件であった。右に対し、警察庁調査統計課調べの昭和四七年中の嬰児殺の認知件数は一一月末まで（一二月分は残念ながら四八年一月一〇日現在未集計）で一五一件に上り、その各月毎の対比を表示すると、**表1**のとおりである。

ここに示した警察庁の嬰児殺認知件数は、未遂をも含むものであり、また、これによっては、加害者の性別は確認され得なかったので、確定的なことはいえないが、その総数だけを最近五ヵ年間で比較してみると、**表2**のとおり、昭和四五年を例外として、総数はむしろ漸減の傾向にあり、昭和四七年後半にいたり、爆発的に急増したものとは思われない。それにもかかわらず、認知件数に比して八月以降に新聞報道が集中し、とくに一〇月に極端に多くなっていることには一応の理由があったように思われる。その第一に数えられなければならないのは、昭和四七年前半は横井

表 2

年次	嬰児殺認知数
昭和43年 (1968)	222件
44年 (1969)	185件
45年 (1970)	210件
46年 (1971)	189件
47年 (1972)	151件 但し11月末現在

警察庁調査統計課集計による。

庄一さん奇蹟の生還（一月）をはじめとして、札幌冬期オリンピック（二月）、浅間山荘事件、連合赤軍大量虐殺事件（二月〜三月）、沖縄復帰（五月）、日航機インド墜落事故（六月）、首相交替（七月）など、次々と世人に衝撃を与えるような大事件が続き、個人的な一般事件を報道するスペースがさかれたこと、つぎに、とくに八月一三〜一九日の間東京で開催された国際心理学会議で、熊坂順彦ニューヨーク大学精神医学科助教授、R・スミスコーネル大学人類学科教授、相場均早稲田大学心理学科教授の三人の共同研究報告「東京とニューヨークにおける犯罪、社会的・文化的展望」（Crimes in Tokyo and New York : Social and Cultural Perspectives）の中で、世界最大の都市東京とニューヨークにおける強姦、殺人、強盗、忍びこみ窃盗（空巣）、傷害についてとりあげ、その何れもがニューヨークのほうがケタ違いに多く、一般に東京のほうが平穏なのに、女子の殺人だけはニューヨークの二倍（暴行傷害はニューヨークよりはるかに少ないのに）にのぼり、とくに一九七〇年の東京の殺人被害の二〇パーセントは一歳未満の嬰児で、そのほとんどが母親によって殺されていることが指摘されたのを(1)マスコミがとり上げ、例えば朝日新聞八月二一日朝刊は「まな板に乗った日本人の心」「国際心理学会議に拾う」と題して、多数の研究報告の中から「若者」「恥」「事件」の三つのテーマに関する分析として、「若者」は「金と権力にあこがれ」、「恥」は「全般的に意識薄れる」、「事件」は「赤ちゃん殺しに仰天」というショッキングな標題で紹介したことが、あらためて嬰児殺ないしは母の子殺しに関する世の関心、とくにマスコミ一般の関心を惹くようになったことが指摘されなければならないであろう。八月以降でも、一〇月の報道件数がとくに多くなっている（表1参照）のは、国際心理学会議での指摘があったのち間もなく、ミュンヘン・オリンピック大会、五輪テロ、田中首相訪中＝日中国交回復など、九月末までは国をあげての大ニュースにわき、また一一月から一二月にかけても、日航機乗取事件、早大生リンチ殺人事件、衆議院解散、日航機モスクワ墜落（一一月）、総選挙、共産党の大躍進、東西両ドイツ基本条約調印（一二月）などの重大ニュースが報ぜられ、一〇月はいわばニュースの谷間的な存在であったことなども影響したのではないかと思われる。

しかし、とにもかくにも、一般的な世人の印象としては、母の子殺し、それも子を思うが故に……といった従来の子殺しのパターンとはちがった、母性喪失、母の自己中心主義から犯される子殺し、子の遺棄、虐待のケースが非常にふえたという印象は強く、私などにもこの問題について問いかけて来られる人がふえたのは、まぎれもない事実である。新聞以外でも、例えば、『暮しの設計』一二月号は「なぜ母親が子を殺すのか」というテーマの座談会記事を掲載し、『週刊読売』一二月三〇日号は『『子は宝・私の命』が母親から消えた！」というテーマでこの問題を六頁にわたってとりあげ、「子殺しの目立つ一年だった。幼子が母親に殺され、埋められ、捨てられた。母親がわが子に殺意を抱き、子供を見捨てていく。七二年子殺しの総括――母性本能が終わりを告げるその第一年とも言える」という編集子のイントロダクションつきで一〇月中の主な事件を中心に、とくに異常な事例として、マイホーム欲しさのあまり、第二子である生後三ヵ月の長男をフロの浴槽に沈めて溺殺した主婦の事例をかなり詳細に分析・論評して、とくに聖心女子大学の島田教授（心理学）の分析にもとづき、最近の母の子殺しを「価値観の混乱」と「核家族化で〝息抜きの時〟を失」った結果と見、「核家族化には、思わぬ落とし穴が隠されていた」と論結している。

このような考え方は他の評論家の間にも見られる。前記の『暮しの設計』の座談会でも、戦前の家族制度のもつ一種の社会保障的役割——親と子だけではなく、もっとほかのいろいろなつながり合いの中で、子どもがどこかから、何となく守られていたという——と、これに代るべき社会保障制度が充実されないままに「核家族化」が進んだことのデメリットが指摘されている（同誌八七頁）。そこで、本稿では右の指摘をふまえ、とくに「核家族化」と母による嬰児殺しとの関係に焦点をしぼり、かつ、子殺しを極限とする母による子供への加害行為のパターンの推移の有無をさぐり、子殺しに見られる母親像と家族関係について考察を進めてみたいと思う。

（1） Abstract Guide, Guide Résumé（論文抄録集）、XXth International Congress of Psychology, XXe Congres international Psychologie.（第20回国際心理学会議 p.120）。

Ⅱ

本誌本号（『ケース研究』一三五号）は親権と監護に関する特集を企画されているということであるが、その観点から母の子に対する親権、監護権の乱用、侵害という形で問題とされるべき犯罪態様は、端的には扶養・保護・監督義務の懈怠とか児童虐待などが考えられ、立法例としては、わが国のように生命・身体に対する罪としての保護責任者遺棄罪（刑二一八条）を規定するだけではなく、児童虐待ないしは扶養義務等の懈怠を独立の犯罪とし、しかも多くは家族ないし家庭に対する罪の中に位置づけるものがふえてきている。(1) また現象面でも、ロンブローゾ(2)はすでに古く、各国別の女性特有の犯罪を列挙した中で、フランスでは児童虐待を嬰児殺、堕胎、毒殺、尊属殺に次ぐ重要犯罪としているほか、筆者が一九七〇年から七一年にかけて、西ドイツの主要女子刑務所(たとえば、フランクフルト・アム・マイン、アイヒャッハ、フェヒタ、ゴッテスツェル女子刑務所等)で収容者の主要罪種を尋ねたとき、ほとんどきまったように、窃盗、詐欺、身体傷害に次いで児童虐待(Kindesmisshandlung)があげられたのが印象的であったし、統計上もほぼこれを立証することができる。(3) しかし、わが現行刑法にはこの種の規定がないので、これらは通常の暴行・傷害・保護責任者遺棄のなかに吸収されて、母の子に対する加害行為だけを統計上抽出することは残念ながら不可能である。わが現行刑法は、一方では構成要件を比較的抽象的かつ単純なものとし、その代りに大幅な量刑の枠を認めることによって個別具体的な妥当性を期しており、他の多くの立法例と異って、嬰児殺という独立の構成要件は規定していないが、幸に実務上一歳未満児の殺害を嬰児殺として普通殺とは別に計上するならわしになっており、尊属殺とともに男女別の統計数値を知ることができる。尊属殺もまた家族構成や住居条件が大きなファクターとなっている興味深い親子間の犯罪現象の一ではあるが、今日、フランスなど一部の国をのぞき、ほとんどの立法例は尊属殺を特別に規定していないので、比較考察の対象とはなりえず、結局嬰児殺に焦点がしぼられることになる(もっとも、この場合にも、嬰児殺の構成要件は、詳細には、国により、その主体・客体の範囲、主観的目的、行為事情等の条件を異にすることを看過してはならないであろう(4)。

(1) 西ドイツ刑法は、児童虐待に関する二二三条bを身体傷害の罪の章に規定している(一九三三年五月二六日の法律による)ほか、扶養義務違反罪と看護・教育義務違反による児童危険罪を身分、婚姻および家庭に対する罪の章の下、一七〇条および同条dに規定しているが、近時の立法例はとくにより明確な形でこの種規定をおいている。例えば一九六二年のアメリカ模範刑法典二三〇・四条、二三〇・五条、一九六七年ニューヨーク州刑法典二六〇・〇五条、二六〇・一〇条、スイス刑法二一七条、デンマーク刑法二一三条、ユーゴスラヴィア刑法一九六条、チェコスロヴァキア刑法二一〇条・二一一条、もっとも近くは一九七一年一一月六日のオーストリア刑法改正草案二〇五条・二〇六条など)。

(2) Lombroso, Le Crime Causes et Remèdes, 2e éd., 1907, p.217.

(3) Statistisches Bundesamt, Fachserie A: Bevölkerung und Kultur, Reihe 9. Rechtspflege, 1965〜'70. とくに各年終局および有罪総人員についての第5表と第7表参照。

(4) この点については拙稿「女性犯罪と刑の量定――とくに女性殺人犯に対する量刑の実証的研究(二)」法学研究四一巻一〇号二六頁以下、とくに表26を参照されたい。

Ⅲ

嬰児殺の男女別第一審有罪判決者数および比率を戦前(昭和一一年〜一五年)と最近(昭和四一年〜四五年)各五年間ずつを表示したのが次の**表3a**であり、最近五年間の男女別科刑を表示したのが**表**

3bである。

表3a　男女別嬰児殺第一審有罪人員数及び比率

年次	第一審有罪者総数	男子		女子	
		実数	比率％	実数	比率％
昭和11年	116	28	15.4	88	84.6
12	120	23	19.2	97	80.8
13	79	10	12.7	69	87.3
14	91	18	20.7	73	79.3
15	63	11	17.5	52	82.5
41	8	2	25.0	6	75.0
42	5	1	20.0	4	80.0
43	14 (222)	6	42.8	8	57.2
44	10 (185)	3	30.0	7	70.0

1．刑事統計年報（昭和11～15年分）と司法統計年報（昭和41～44年分）にもとづいて作成した。
2．昭和43，44年の有罪者総数欄のカッコ内数字は表2に示した警察庁で認知された嬰児殺（含未遂）件数。

嬰児殺の行為主体はこれを母親に限定するのが立法例の圧倒的多数であるが、このような限定のないわが国でも伝統的に多くは女子（特に母親）によって犯されることを**表3a**は明示している。これは新生児の誕生から生ずる精神的―肉体的（嬰児殺事例では、多くはこれに加えて経済的）負担を負わなければならないのは母親であって、父親の生活にはそれほどの影響がないか、極端な場合には悦楽のあとの責任をおそれて、すでに母親との縁をたち切ってしまっていることさえあることを思うと、むしろこの比率の女性側の高さは当然であるといえるし、またその異常な高さは、男性本位の社会をシンボライズこそすれ、ウーマン・リブのあらわれとは解せないのではなかろうか（この点についてはなお後述V参照）。

次にこの表（前**表3a**）に関連してなお若干の補説を試みると、大正時代から昭和一二年までは嬰児殺第一審有罪者総数は概ね三桁であったのが

表３ｂ　嬰児殺に対する男女別科刑表

年次	性別	終局総人員	有罪 総数	15年以下	10年以下	7年以下	5年以下	3年	2年以上	1年以上	6月以上	総数のうち執行猶予	うち保護観察
昭和40年	男	3	3						2		1		
	女	12	12					10	2			10	
41年	男	2	2							2		2	
	女	6	6					4	2			6	
42年	男	1	1					1				1	
	女	4	4					4				4	
43年	男	6	6		1	1		4				4	
	女	8	8					7	1			8	
44年	男	3	3	1				2				2	
	女	7	7					5	2			6	2

（出典）　司法統計年報昭和40～44年版による。

昭和一三年以降は激減が顕著であるが、これは昭和一二年七月にいわゆる蘆溝橋事件が勃発し、日華事変が始まったことと何らかの関係がありそうで、それなりに理解できる。しかし、私の確認した限り、最近の昭和三〇年以降、嬰児殺第一審有罪判決総数は一桁か、二桁になってもせいぜい一〇台をこえることはないという点について、私はかって出生率の低下、とくに戦後優生保護法によって人工妊娠中絶が合法化され、望まない子供の出産を避け易くなったせいとわり切って考えていた[1]が、**表２**の認知件数に照合すると理解に苦しむところがある。これに対し、最近三年間の殺人犯被疑者の男女別人員と女子の占める比率は**表４**のとおりである。これによると被疑者の段階における方が女子の比率が高いことがわかるが、それにしても認知件数、被疑者人員、第一審有罪者数の三資料の整っている昭和四四年にはそれぞれ一八五、二一（うち女子二〇）、一〇（うち

表4 殺人犯被疑者の男女別人員と女子の占める比率

罪名	昭和44年			昭和45年			昭和46年		
	女子	男子	女子比	女子	男子	女子比	女子	男子	女子比
刑法犯総数			5.1%			5.4%			5.9%
殺人	409	1,754	18.9	464	1,511	23.5	429	1,526	21.9
嬰児殺	20	1	95.2	30	4	88.2	29	1	96.7
尊属殺	12	57	17.4	10	53	15.9	11	48	18.6

（出典） 昭和45，46，47年版犯罪白書による。

女子七）で、犯行時、検挙時、判決時という時間的ズレがあるから、この三資料の統計数値の単純比較はできない(2)としても、認知された事件のうち被疑事件の段階まで進むのが九分の一、有罪判決をうける者は全部単独犯として計算しても一八・五分の一にすぎない。これは、例年発表される検察・司法統計年報における殺人の検挙率（例年九五パーセント前後の高率）、起訴率（六〇ないし六五パーセント前後）と比べ、異例に思われるが、この場合基準にした認知件数の計上のし方にもよるのであろうか。

また、**表4**は、刑法犯総数における女子比（平均）に比し、嬰児殺ほど極端ではないにしろ、一般殺人においても女子比が平均をはるかに上まわり、三～四倍に達すること、女子の場合に、嬰児殺、尊属殺以外の普通殺人も結構多いことを示している。前記国際心理学会議での報告で、熊坂助教授らが「日本の女性は一般に敵意をあからさまにすることを抑えられているが、その怒りが限界に達した時、罪もない赤ちゃんに八つ当りするのではないか(3)」としているのは、必ずしも正確とはいえないが、私のやや古い調査（昭和四〇～四一年）によれば、女性殺人犯の被害者二七二名中見ず知らずの赤の他人は僅かに八名

表５　イギリス（イングランド・ウェールズ）巡回四季裁判所における嬰児殺（母による１歳未満児殺）人員と年齢別量刑（1966～1970）

年	総数	有罪人員	絶対的免責				条件付免責				1959年の精神衛生法60条による入院命令				1959年の精神衛生法65条による拘束命令				保護観察				拘禁刑			
年齢／年次			14以下	14－17	17－21	21以上	14以下	14－17	17－21	21以上	14以下	14－17	17－21	21以上	14以下	14－17	17－21	21以上	14以下	14－17	17－21	21以上	14以下	14－17	17－21	21以上
1966年	22	22				1				2				1				2		1	3	10			2	
1967	18	17								1				2							5	9				
1968	24	24												2						2	5	14				1
1969	15	15												1			1			1	4	8				
1970	15	14												1			1				5	7				

（出典）　Home Office, Criminal Statistics. England and Wales 1966～1970 による。

表６ａ　西ドイツ嬰児殺（分娩中もしくは分娩直後の自己の婚姻外の子の殺害）（1966～1970）

年次	総数	有罪人員	一般刑（法改正により1970年４月１日より「自由刑」に１本化） 重懲役			軽懲役（自由刑）					少年刑					
			2年以下	2～5年	5年以上	3～6月	6～9月	9月～1年	1～2年	2～5年	6月以下	6～9月	9月～1年	1～2年	2～5年	その他賠償
年 1966	28	26	1	—	1	3～9月 8(7)		2	3	4	—	—	6(5)	1	—	—
1967	20	18	—	1	—	—	3(2)	3	6	4	—	—	—	1	—	1
1968	29	26	—	—	—	1(1)	8(5)	2	3	1	1	—	5(5)	4	—	1
1969	21	17	—	—	—	3(2)	3(3)	2	2	—	—	1(1)	4(4)	2	—	—
1970	18	16	—	—	—	—		4(3)	6(4)	1	2(2)	—	3(3)	—	—	—

1　Statistisches Bandesamt, Fachserie A : Bevölkerung und Kultur, Reihe 9, Rechtspflege, 1966～1970 による。

2　（　）内数は保護観察のための刑の延期 Strafaussetzung zur Bewährung の数をあらわす。この制度は1969年の改正までは９月以下の刑に限って認められたが，改正後は１年まで拡張された。

表6b　西ドイツ嬰児殺年齢別有罪人員数（1966〜1970）

年次	終局総人員	有罪人員	少年		青年	成人			
			14〜16歳	16〜18歳	18〜21歳	21〜25歳	25〜30歳	30〜40歳	40〜50歳
1966年	28	26	—	1	7	7	3	7	1
1967	20	18	—	1	—	7	5	4	1
1968	29	26	—	4	8	7	3	2	2
1969	21	17	1	5	1	2	3	4	1
1970	18	16	—	3	3	5	3	1	1

表7　フランスにおける嬰児殺（母による自己の新産児の殺害）有罪人員と量刑

年次	有罪人員総数	強制労働と一定期間の禁錮重労働	その他の刑	累犯	執行猶予	試験観察付執行猶予
1961年	14	—	14	—	6	—
1962	17	1	16	—	6	2
1963	24	1	23	1	1	1
1964	24	5	19	2	8	—
1965	17	—	17	1	11	4

（出典）Compte général de l'Administration de la Justice criminelle et de la Justice civile et commerciale. 1961〜1965による。

（二一・九%。これに対し男子の場合、赤の他人が三一%以上にのぼるという調査研究[4]がある）にすぎず、最多は夫およびこれに準ずる者（内縁の夫・情夫。九六名）、ついで実子（嬰児を除く。四九名）、嬰児（二六名）、尊属（二四名）と極めて身近なサークル内にある者が被害者の大半となっている。[5]殺人罪においては、女子の方が男子よりも相対的に高い率を示すこと、また被害者が身近なサークルの人間に限定されることは、ポラック[6]やウォルフガング[6]も指摘することで、わが国に特有のことではないが、その比率の高さは、やはり日頃の忍耐とそれに対する爆発的な反動が近親者（赤ちゃんに限定されな

表８　イタリアにおける嬰児殺（自己又は近親の名誉を救うため分娩中の胎児又は分娩直後の嬰児を殺すこと）の有罪人員数と年齢別の量刑

年次	有罪総人員。()内数は女子	うち執行猶予	14～25歳								25～30歳								30～45歳								45～65歳							
			①	②	③	④	⑤	⑥	⑦	⑧	①	②	③	④	⑤	⑥	⑦	⑧	①	②	③	④	⑤	⑥	⑦	⑧	①	②	③	④	⑤	⑥	⑦	⑧
年 1962	20 (18)	—				2	7	1						1			1					2	1	3							1	1		
1964	19 (16)	3				6	1	5		3				1	1	2	1					1	1											
1965	19 (18)	3				3	2	2	1	3					3	1						1	1	2								1	2	
1966	21 (20)	—		1		2	2	5	2			1		1	2	2						1									1		1	
1967	17 (17)	1			3	1		1		1						2						2	2	5							1			

1．Istituto Centrale di Statistica, Annuario di statistiche Giudiziarie, 1962～1967による。
2．刑期等を示す①～⑧は次の内容を示す。
①１～３ヵ月　②３～６ヵ月　③６～12ヵ月　④１～２年　⑤２～３年　⑥３～５年　⑦５～10年　⑧上のうち執行猶予。

表９　オーストリアにおける嬰児殺（分娩に際し母親が故意に自己の子を殺すこと）の有罪人員

年　次	有　罪 総人員	少年 (14～17歳)	青年 (18～20歳)	成人 (21歳以上)	実　刑 懲　役（Kerker） 条件付		無条件		少年拘留 条件付		無条件	
					6～12月	1～5年	6～12月	1～5年	6～12月	1～5年	6～12月	1～5年
1963年	4	1	2	1				3	1			
1964	6	0	4	2			1	5				
1965	6	2	0	4				4	1			1
1966	9	1	2	6			1	7			1	
1967	10	2	2	6			1	7			1	1

（出典）Oesterreichisches Statistisches Zentralamt; Kriminalstatistik für das Jahr 1963～1967による。

い）の殺害という形であらわされると見てよいであろう。

なお英・独・仏・伊・墺五ヵ国の最近五ヵ年間の嬰児殺有罪人員数は**表5〜9**のとおりである。

以上、**表5〜9**により、ヨーロッパ諸国における最近の嬰児殺有罪人員（女子）とその処遇がどのようなものであるか、読者諸賢に概ねご理解いただけたと思う。嬰児殺の構成要件はまちまちであるにもかかわらず、英・独・仏・伊間に数の点でそれほど大差のないこと、オーストリアは有責人口（満一四歳以上）が一九六七年現在で約五六七万人（前掲犯罪統計一九七〇年版参照）にすぎない国であるから、その数も少ないのは当然として、とくに生後一二ヵ月未満という比較的広範囲に嬰児殺を認めるイギリスと、より厳密な要件を付している他国との間に数の上で大差のないことは注目に値する。対象の範囲の点で、わが国はイギリスと軌を一にするが、人口比・出産率などを考えると、わが国の嬰児殺有罪人員は意外なほど少ない。これは、他の諸国ではいわゆる起訴法定主義をとっているのに対して、わが国では起訴便宜主義をとっているため、全事件が立件・起訴に至るものではないこと、嬰児殺という特別の罰条がないため、本来嬰児殺を独立に計上すべき法的根拠はなく、単に慣例上の区別にしかすぎないため、統計作成上もとりこぼしが生じやすいことなどに起因するものと思われる。(7)

量刑については**表3b**に見られるように男子の嬰児殺で七年以上の刑が科せられた三例は例外として、圧倒的多数が懲役三年で執行猶予つきで、今や嬰児殺の標準科刑がほぼ定着していると思われる。これに対し、前掲諸国においては、普通殺人とは区別されたかなり寛大な規定があるのに、科刑は比較的バラエティに富み、日本同様執行猶予もかなり多く見られる（とくにイギリス、西ドイツで高率）といっても、なおわが国よりは重い処罰をもって臨まれていると見られる。

いずれにせよ、本稿は量刑を論じようとするものではないので、その点の詳論は省き、ここではただ、最近の日本の母親が諸国の母親にくらべてとくに多く嬰児を殺しているとはいえない（他の犯罪との関係で女子比を比べればたしかに相対的に多いということはいえるが）ことを指摘するだけで充分であろう。

（1）前掲拙稿（二）二八頁。
（2）たとえば表3と表4を対照すれば明らかなように、昭和四四年中の男子嬰児殺被疑者は一人であるのに対し、第一審でこの罪名で有罪判決をうけた者は三名である。
（3）前掲 Abstract Guide of XXth International Congress of Psychology, 1972 Tokyo, p.120.
（4）高橋正己・殺人罪に対する量刑の実証的研究、司法研究報告書第一七輯第五号二一四頁、表参照。
（5）前掲拙稿（三）法学研究四二巻二号六九頁、表62参照。
（6）O. Pollak, The Criminality of Women, 1950, pp.79~82. 13, M. E. Wolfgang, Patterns in Criminal Homicide, 1958, p.252.
（7）もっとも起訴法定主義をとるといっても検挙率の問題もあり、かならず認知件数のすべてが起訴され、審判されるわけではない。マリー・ルイーゼ・ルンゲはデュッセルドルフの法医学研究所で一九五〇年から一九六〇年までの一一年間にとり扱った嬰児殺六〇件中、行為者である母が判明したのは三二例で、そのうち有罪判決をうけたのはその半分以下の一四例にすぎないと報告している（Marie Luise Runge, Untersuchungen über die in den Jahren 1950 bis 1960 in Düsseldorf und Umgebung vorgekommenen Kindestötungen. Diss, S. 40 ff, insbes. S. 75 ff.）。また、西ドイツで一九六四年と六五年に嬰児殺で有罪判決をうけたものは二五人と三〇人であるが、同年の警察犯罪統計によれば一九六四年には七三例が、六五年には七八例が認知され、うち六七例だけが解明されたという。それに比して、これらの年の有罪判決者数は二分の一ないし三分の一にすぎない。

Ⅳ

昭和四七年一二月二一日付の朝日新聞朝刊は、「女性の犯罪ふえる」「子・夫・父殺し目立つ凶悪犯」という大見出しで、警察庁がまとめた四七年の犯罪情勢を報道している。すなわち「警察庁が二〇日まとめた四七年の犯罪情勢によると、刑法犯総数は昨年とほぼ同じ横ばい状態だが、近親者を含めた殺人事件や人質事件は大幅に増えた。犯人側への女性進出もめざましく、えい児殺しなど母親が自分の生活を守るために手段や相手を選ばない風潮が強まり、犯罪面でもウーマンリブの傾向が目立ってきたという」。また「十月末までの尊属殺人は九十件で昨年一年間の七十一件を軽く上回り、四十三年以降の最高記録。うち五割以上が女性による犯行で『女性の衝動的、自己本位的犯罪』と警察庁は指摘している」としている。たしかに古風な完全自己犠牲型の母親タイプは減って来たかもしれない。自分の生活をエンジョイすることを知り、それを当然として、そうした行動にいわゆる「うしろめたい」ものを感じない若者がふえつつあるようにも思われる。しかし、だから、直ちに「犯罪面でもウーマンリブの傾向が目立」ち、「女性の衝動的、自己本位的犯罪」がふえたと速断されなければならないのだろうか。私は、昭和三七、八年頃からの嬰児殺の事件記録を百数十例も手許においてある。しかし、そのもっとも新しいケースをということで、新たに昭和四七年上半期に東京地方裁判所で有罪判決をうけた母親による嬰児殺の事例四件（下半期分は未整理のため）と、偶然に提供していただいた九月判決の一件、合計五例をここに紹介し、結論にかえたいと思う（判決日順）。

① 昭和四七年二月二九日判決

被告人K女（犯行時二〇歳）は昭和四五年一二月二四日長男を出産し、幼少時より母よりも人一倍思慕の念をもっている父に、一日も早く長男を見せたいと楽しみにしていたところ、昭和四六年一月一九日突然父が脳溢血で死亡したため、落胆激しく、加えて嬰児の風邪、夜泣きなどにより夜もほとんど眠れないような日が続き、生来的素因も影響して、肉体的・精神的に疲労困憊の状況になり、一月二七日午前六時半ころ、夫を送り出したのち、亡父のことなど考えているうち、悲嘆の余り、子供と一緒に死んで父の許に行こうという気持になり、長男（生後一ヵ月）の鼻口部を左手掌で強く圧して塞ぎ、間もなく窒息死させ、ついで果物ナイフで自ら右手首を二、三回切りつけたが、死にきれそうになかったので、この上はアパートに放火して自殺しようと決意し、こたつの掛布団の上に包装紙を丸めてマッチで火をつけ、これを燃え上がらせて放火したが、同居人らに発見されて消火、放火未遂に終った。心神耗弱が認められて、懲役三年、執行猶予三年。

本件は、嬰児殺と重刑が規定されている現住建造物放火未遂罪の併合罪のケースであるが、後者が未遂に終ったこと、心神耗弱が認められたこと（以上、法律上減軽事由）に加えて、判決時妊娠中であったことなどが酌量され、このような宣告刑となった。いわゆるノイローゼに起因するという点では珍らしくはないが、その原因が父の死亡による悲嘆で、父の追死心中の形で犯行が行なわれた点で特殊の事例である。

②　昭和四七年三月九日判決

被告人A女（犯行時二九歳）は、昭和三二年ごろ、中学卒業後集団就職で上京し、看護婦見習をしながら医大付属看護学校に進学し、昭和三七年四月同校卒業後、看護婦として働く一方、高校夜間部に通学したこともあったが、二年で中退し、昭和四五年一二月ころからバーでホステスのアルバイトをしていた。昭和四六年一月初めころ、客のMと親しくなり、同年二月中旬までに同人と数回肉体関係を結んだため妊娠するに至り、六月および八月頃二回にわたって右Mに結婚および胎児の処置を相談したが、結婚できないから堕胎しろといわれ、Mとの結婚は断念したものの、妊娠中絶をする気になれず、医師の診察の結果、出産予定日は一一月七日であるが、胎児の発育が良くないうえ尿に蛋白が検出されるとのことで、医師の意見に従って勤務を休み、一〇月頃から知人Iのアパートに身を寄せ静養していた。その後出産は予定よりおくれる見込みであったが、この間、A女は、Mと結婚できないまま出産しても、生まれてくる子供が不憫であるうえ、自分一人で子供を養育する経済的余裕もなく、一方、私生児を出産することの世間態などあれこれ思案するうちに、出産後子供を養育する気力を沮喪し、育児の準備に全く着手しないままに日を過しているうち、一一月一六日午前三時三〇分頃陣痛を催し、分娩が切迫したことをさとったが、同室で就寝中のIに知られぬ間にひそかに胎児を右共同便所の便壺内に生み落して殺害しようと決意し、急いで右便所に赴き、約三・一二メートル下の便壺内に女児を産み落し、間もなく同所で同児を便壺内容物吸引により窒息死させた。懲役二年、執行猶予三年。

本件は典型的な嬰児殺、しかもわが国古来のトイレでの墜落産の方法によっている。このような私生児の分娩にあたって母親が悩みつづけ、結局出産の用意をしないまま分娩期を迎え、ひとしれず解決をいそいで嬰児殺を犯してしまう例が多い。ドイツなどではトイレの設備が異なるから墜落産のパターンは見られないが、これに代るものとして水を入れたバケツに産み落して窒息死させるいわゆるEimergeburtenは、よく知られた嬰児殺の方法のようである。(1)

③ 四月二四日判決

被告人Y子（犯行時二九歳）は高校卒業後会社事務員として働くうち知り合った夫と恋愛結婚した（昭和三八年五月）のち、共に退職し、夫婦で都内で中華そば店を営み、その間長女（当時六歳）長男（当時一〇ヵ月）をもうけたが、昭和四二年ごろから夫が毎晩のように外出しては酒色にふけって家業を怠り、家庭をかえりみなくなり、四六年八月中旬には預金を引き出し、有り金いっさいを持って家出し、そのまま帰って来なくなったので、思い悩み、心身ともに疲れはて、将来を悲観して生きる希望を失い、自殺しようとしたが、愛情に欠ける夫に幼い子供を残して行くよりは、むしろ殺害して死の道連れにする方がよいと考え、昭和四六年九月九日、自宅で遺書を書き、子供達を寝台に寝かせ、自分は、かねて用意していた睡眠薬一〇錠を服用したのち、ガスのゴムホースを自分の口にくわえて親子心中をはかったが、子供達は死亡し、自分だけ助かった。懲役三年、執行猶予三年。

夫の素行不良ないしは遺棄に起因する典型的な親子心中型。嬰児殺というよりは一般の子殺しの行為類型であるが、長男は生後一〇ヵ月なので一応抽出した。

④ 昭和四七年五月三一日判決

被告人F女（当時二二歳）は中学卒業後、会社の事務員として勤務しながら都立の商業高校夜間部に通学し、昭和四三年三月卒業し、同四四年一二月会社を退職したものであるが、会社に在職中の昭和四四年四月ごろ、銀座のバーでアルバイト中、客として来ていたA（当時二二歳）と知り合い、年が若すぎるという理由で双方の親達が反対するのを押し切って昭和四五年一〇月ころから都内のアパートで同棲するようになったが、Aの収入が少ないため、家計が苦しく、同棲後もアルバイトをしたり、親からたびたび援助を受けたり、Aに内緒でした借金などでようやく生計を維持する状態であったところ、昭和四六年三月ごろ妊娠の徴侯を感じ、七月ころ受診の結果一二月中旬ごろ出産予定を確認し、Aに告げたが、主として経済的理由から妊娠中絶を強くすすめられ、自分でもそれを考えたが、さし当ってその費用も工面できず、さりとて過去に二回同じ手術を重ねているため、身体の影響を考えて手術を受ける決心がつかないままにずるずると日時を経過し、その間Aが腹部の異常を見て問いただす度に、「中絶手術はすませた。腹部が大きいのはそこに血がたまる病気のためだ」などと嘘をついてごま化し、結局一一月二二日出産の徴侯を感じて一人で付近の産院に行き男児を出産、Aには「腹部の血をとるため入院した。その費用を作ってくれ」などと嘘をいってAに出産費用を都合させ、一一月二七日退院したとき、「友人の子供を四日ほど預ってきた。火曜日（一一月三〇日のこと）

には返す」などと嘘を言い通し、一旦はどこかに赤ん坊を預けて働きに出ようと思いながら、アパートを出て思案にくれたまま、付近を歩きまわったが、よい方策も浮ばないまま、自室に戻り、両親の反対を押し切ってAと同棲した以上今更実家には戻れない、また借金（二五万円余）を返すためには自分が働かなければならない、さりとてAとは別れたくないなどと思い悩んで、結局、今までどおりAと同棲しながら自分も働いていくには子供がいてはまずいからいっそ殺してしまおうと考えるに至り、嬰児の鼻口部を塞いでこれを窒息死させ、殺害の事実を隠すために死体を隠匿しようと考え、死体を風呂敷に包み、自室の押入の奥に入れ、その手前に衣類や空箱などを置いて隠し、次いで九日たった一二月九日右死体を風呂敷包みのまま紙袋に入れて一旦知人のアパートに運びこんで隠し、さらに翌一〇日風呂敷に包んだままの嬰児の死体を、被告人が殺人の犯行後の一二月六日頃からアルバイトとして勤めはじめていたSデパートの男児服売場の商品棚の最下段に移しおいて、遺棄した。実刑二年。

生活の見通しもないのに、親達の反対を押し切って同棲をはじめ、内夫の反対にもかかわらず嘘をついてまで出産し、あげくのはてに嬰児を殺し、アルバイト先のデパートに遺棄する……。いわゆる「母性喪失型」「自己中心型」の犯行といえる。本件については、裁判所もとくに量刑の事情を縷々述べ、「被告人が本件を犯すにいたった原因として、夫であるAの結婚生活に対する無自覚さ、無責任さがその一端をなしていることは否定し得ない。しかしながら、被告人は、両親の賛成は必ずしも得られなかったものの、とにかく相当な決意の下にAとの同棲生活に踏み切り、一年以上もの同棲生活を続けながら、同人が妊娠を嫌っていたというだけで、産院にまで入って正常に分娩した子供の出産の事実を同人に打ち明けることもなく、かえってその子供を見た同人からその事実を問われても、これを否定し続け、結局同人との同棲生活を続けていくための方便として子供を殺害したものであり、もし被告人にして今少し子供を大切に思う心と生命に対する尊重の念があれば、たとえ一時的にはAの不快を買うことはあったにせよ、出産の事実を卒直に打ち明け、子供の将来のためにも夫婦協力して健全な家庭を築くべく努力を傾けることができたはずであり、それが夫婦生活を営む社会人として、子供を産んだ親としての当然の責務であろうと考えられる。また、(中略)それぞれの両親に事実を卒直に打ちあけて相談することもできたはずであるのに、これをすることもなく子供を殺害するに至った心情はまことに理解し難いものといわなければならない(中略)。諸事情を勘案してもなお主文程度の実刑はやむを得ないものと思料する」とされたのは、至当というべきであろう。それでもなお私は本件被告人についても、女性の立場から、内縁の夫の不興を買わないように嘘をついてまで子供を分娩するに至った身体的(前に二回手術をうけた後という)条件、何とか育てようとする微妙にゆれる母心を読み取ることができ、同情というより憐憫の余地が全くないとは言えないように思う。しかしこのケースに比べれば、次のケースや四七年度嬰児殺中もっともショッキングだった前記石膏詰めの赤ちゃんの犯人(愛人に捨てられた未婚の母。生活のため嬰児を殺し、死体を石膏詰めにして遺棄したが、犯行後も暫くは夜毎この石膏を抱いて泣いていたという)の方が、もっと同情に値するものがあるように考える。

⑤　昭和四七年九月二〇日判決

被告人T女（当時二九歳）は、中学卒業後職を転々としたのち、バーの女給をしている間に、現在の夫であるSと懇ろになって所帯をもち、昭和四三年四月二四日長男を出産し、翌五月七日には婚姻届を出した。しかし、間もなくSは他に愛人ができて家を出てしまったため、T女はやむをえず子供をつれて実家に戻り、飯場の賄婦として出稼ぎに出るようになったが、昭和四六年九月頃附近の飯場にいた人夫と親しくなって、肉体関係をもち、同人の子供をみごもるにいたったが、妊娠に気づいた時はその人夫はすでに他の飯場へ移動したあとで行方もわからないため、その処置について同人と相談するすべもなく、今後女手一つで長男と私生児として生れてくる赤児までを養育していく自信もなかったので、妊娠を中絶しようと考えたが、その費用の工面もつかなかったりして時機を逸し、臨月の昭和四七年六月六日頃からは長男を伴って寮の賄婦として住込みで働いていた。そして六月一六日午前九時頃激しい陣痛に襲われたので、その日の勤めを休むことにして、寝床を敷く暇もなく畳の上にそのまま横になってこれに耐えているうちに着用していたズボンの中に女児を分娩、ズボンを横になったまま脱いだのち、嬰児とともにこれを押入れの中に入れ、一時休んでいたが、その間種々思い悩み、女手一つではとうていこのまま同児を養育していく見込みは立たないから、赤ん坊も死んだ方がむしろ幸せだと考えるに至り、このうえは思い切って同児を殺害しようと決意し、押入れの中の嬰児の顔の上に敷布を四つ折にしてかぶせて鼻口部を塞ぎ、これを窒息死させ、同月二三日午後二時頃、右嬰児の死体を敷布、タオル、ズボン等とともに詰めたダンボール箱を携帯して、上野駅構内のコインロッカーに入れて施錠し、これを遺棄した。懲役三年、執行猶予四年。執行猶予が三年ではなく四年と標準科刑よりやや重いのは、死体遺棄の方法が重く評価されたものと思われる。本件についても判決理由中に量刑の事情につきまことに懇切で温情あふれる酌量事情が述べられているが、すでに紙数も尽きたので割愛しなければならない。

（1） この方法に言及している学者はアシャッフェンブルクをはじめ、多数である。Vgl. J. Streb, Über die Kindestötung. Eine strafrechtliche und kriminologische Studie zur Problematik des § 217 StGB und des von ihm vorausgesetzten Deliktstyps. Diss. S. 120.

V

IVに紹介した事例は僅か五例にすぎないが、不思議なほど嬰児殺の動機、行為態様の典型を揃えている（もっともこのほかの典型的な事例として身体障害児の殺害があげられるが……）。本来嬰児殺においては、妊娠の事実をひた隠しに隠し、家庭でも職場でも人に相談したり、助言を求めたりせず孤立化し、ただ前後を思い悩み、ずるずる日時を徒過して分娩に至り、分娩後ひと思いに殺害するというケースが多く、分娩後数日ないし数ヵ月経ってからの殺害、ないし嬰児以外の子殺しの場合は、肉親から離れて女手一つで子供を養育しなければならないとか、夫、内夫、情夫、愛人に捨てられたり、裏切られたりして前途を悲観して自殺の道づれにしたり、逆に男性の歓心を得るために邪魔な子供を処分するといった男女の愛憎に起因するものが圧倒的に多数である。その経緯、家族構成の点から考えると、実親子、舅、姑と若夫婦（とくに嫁）との同居中の葛藤が起因する尊属殺とは対照的に、子殺しの場合は核家族化によって拍車をかけられる、という前記マスコミ、評論家の言は一面の真理を衝いたもののように思われるが、私は核家族化によって母親が子殺しへと追いこまれることに拍車がかけられる、というよりは、核家族でも夫婦の連帯が充分であれば、そのような事態に追いこまれることは多くはなく（特殊な機質的ノイローゼのような場合は別として）、むしろ家庭が崩壊したとき、夫や愛人など男性が父親としての役割や義務を分担せず、女性に育児の全責任が一方的にしわよせされる場合にこそ、母親による子殺しという非人道的な行為が行なわれることになるのではないかと考える。その意味で、スウェーデンのように出生率が低く（一九七〇年人口千人対一三・六。日本は一九七一年一九・二）、かつ社会福祉の進んだ国では、非嫡出子に対する社会的差別が全くなく、未婚の母と子に対する福祉行政も行き届いているためか、嬰児殺のケースは調査しても一件もなかったこと、最近親しくしている在日ドイツ婦人がしみじみ、「日本は何といっても男性本位の国（Männerland）ですね」といささか同情的な口調で論評したこととの意味が、私には痛切に思いあたるのである。

嬰幼児殺しの場合、被害者はいたいけな子供であるだけに、その残虐性は許せないものがある。したがって、もとより私とて、子供を殺した母親に責任は全くなく、すべて社会やとりわけ男性の責任に帰すると云おうとしているのではない。ただ、本稿を通じて、母親だけが親としての適性を急激に喪失したのでもなければ、母の子殺しケースが突如として急増したのでもない点を明らかにしたつもりである。

最後に、私自身、本稿を書いたことによって、マスコミによる一般的な社会意識（ないしは世論）形成のそら恐ろしいほどの偉力を再認識させられ、また統計数値の操作、とり扱い方、読み方をあらためて考え直させられた。これは私にとってむしろ意外の収穫であり、その意味でこの機会を与えて下さった野田判事と本誌編集部に心から感謝するとともに、本稿がこの情報化社会における情報、とくにマスコミ報道の受けとめ方、および子供を殺すような非道な行為に駆りたてられる母親の置かれた立場、背後の事情、社会的な土壌といったものについてご賢察、ご理解いただくうえにいささかなりとも資するところがあれば望外の喜びである。

2

嬰児殺再考

『時の法令』一〇二四・一〇二五号（大蔵省印刷局、一九七九年）所収

一　まえがき

一九七九年は、国連の国際児童年として、国際的に各種の行事が予定されている。その国際児童年の新年にあたり、ニューヨークと比較して、ケタ違いに犯罪率の低い東京で、例外的にニューヨークの二倍にのぼると指摘されたことのある女子の殺人、とくに嬰児殺に焦点をしぼり、刑法の観点から、子の保護に関する法の役割を検討してみることは、何ほどかの意義のあることと考える。

もとより子の保護は、広範囲にわたり、主として社会—福祉的、教育的、精神医学、次いで私法的見地等から、積極的にはかられなければならないが、ここでは、主として筆者の専門の見地から、子の最大の利益である生命の保護に限定して、法の機能と限界を考えようとするものである。

二　子殺しの分類と「嬰児殺」

1　我が国では、一九七二年（昭四七）後半以降とくに、子殺しがマスコミで、社会問題として大きく取り扱われるようになった。その直接的な理由としては、同年八月に行われた国際心理学会での熊坂・スミス・相場三教授の共同研究報告に求められるのではないかということは、すでに筆者が他の機会（本書収録第4論文、拙稿「『核家族』化と嬰児殺し」参照）に指摘したところである。

今日一般に問題視されている「母の子殺し」について、マスコミの取扱いを見ると、昭和四七年から五〇年頃にかけては、嬰児殺および嬰児死体のコインロッカー遺棄が子殺しの主役であるかの印象を与えるような報道がなされていたのに対し、昭和五二年から五三年にかけては、嬰児殺の報道はむしろ沈静化して、「サラ金の借金を苦に母子心中」といった親子心中や、数は少ないが、大人に大きなショックを与える子供の自殺のケースが大きく取り扱われるようになった。このことは、かつて昭和四七年二月から一一月末までの一〇ヵ月間に朝日新聞で報道された実・継子殺しおよび遺棄の件数二七件中、母による嬰児殺しが七件、それ以外の子殺し・子捨てが二〇件であったのに対し、昭和五二年一一月一日より昭和五三年八月末までの一〇ヵ月間に同じく朝日新聞で報道された子殺し・子捨

嬰児殺の認知数から第一審有罪者数への推移

年度	認知(発生)件数(A)	検挙件数	検挙人員 総数	検挙人員 うち女	検挙人員中女子の占める比率	第一審有罪者数
昭和20	160	136	141	110	78.0	—
25	339	273	321	255	79.4	61
30	195	168	177	153	86.4	12
35	190	155	158	137	89.5	13
40	221	182	179	164	91.6	15
41	206	173	173			8
42	183	152	149			5
43	222	183	186			14
44	185	163	168			10
45	210	187	190			6
46	189	149	150			8
47	174	152	148	141	95.3	20
48	196	156	145	134	92.4	12
49	190	160	153	140	91.5	14
50	207	177	156	139	89.1	11
51	183	161	152	133	87.5	4
52	187	168	151	139	92.1	
53 (1～10月)	(140)	(125)	(114)			

(注) 1　警察庁の犯罪統計書および司法統計年報による。
2　昭和53年1～10月の数は，警察庁刑事局調査統計課の調べによる。
3　昭和41～45年は，男女別人員はとれない。昭和53年の男女別人員は年度中間のため，未整理である。

てケースは七五件で（多少の見落としはあるかも知れないが）、そのうち嬰児殺は九件であるが、母の単独嬰児殺は四件のみ（うち一例は母親自殺）、しかもいずれも出産直後ではなく、生後一ヵ月、三ヵ月、六ヵ月、一〇ヵ月の乳児殺しで、厳密には嬰児殺の概念からはみ出すケースである（出産直後の嬰児殺としては、夫婦共謀の二件、祖母による一件のみ）。この期間に子殺しとして報道された最多ケースは、親子（とくに母子）心中で、親自身は未遂に終わった場合も含ませると実に四〇件にのぼる（このほか、親による単純な子殺しも二二件を数える）ことによっても実証できる。しかし、嬰児殺は、マスコミで華々しくとり扱われた頃も現在も、実数にそれ程大差はないこと前頁の表のとおりである。

2　ところで、一口に子殺しといっても、いわゆる嬰児殺と幼児殺、それ以外の児童殺、成人の子殺しでは、それぞれの態様に特徴があり、十杷一からげに論じることはできない。この点について筆者は、昭和三六〜四〇年の女性殺人犯の調査で実証的に明らかにしたが（本論文末参考文献「女性犯罪と刑の量定」参照）、その直後、アメリカの精神医学者レズニックも子殺しを出産後二四時間以内の新生児殺（＝嬰児殺）neonaticide と実子殺 filicide に分類し、この立場が多くの学者によって支持されている。

嬰児殺を普通殺から区別することは、多くの立法例のとるところであるが、その要件は立法例により、行為主体、客体、行為時期、動機の限定などバラエティーにとんでいる。わが刑法典には嬰児殺の構成要件はないが、裁判慣例として生後一年未満の嬰・乳児殺を嬰児殺として普通殺から区別して取り扱っている。もっとも、外国の立法例のように、「嬰児殺」という独立の構成要件があるわけではないので、その取扱いは必ずしも明確とは言えないことが論証されている。生後二四時間以内の新生児殺害とそれ以上経過してからの乳児殺害とでは、動機形成の経過や犯行の手段などかなり異なるので、レズニック同様、生後二四時間以内の新生児殺を対象として論じた方が適切に思われるので、いつかそのように対象を限定して、実証的研究を進めたいと願っているが、警察統計、司法統計ともに裁判慣例を前提としているため、誤差を念頭に入れつつも、統計的考察を加味する以上、さしあたり、右前提に従って、生後一年未満児の殺害をもって嬰児殺として扱うのが便宜である。

3 我が国の嬰児殺に関する研究としては、戦前の不破論文、終戦直後の植松論文、比較的最近の土屋＝佐藤研究を列挙することができるが、筆者も後掲諸論文で若干論じるところがあった。ともあれ、これらの研究の示すデータは、我が国の嬰児殺の態様およびその背景の変化を物語るのに十分であるように思われる。

もっとも、不破論文は全例のデータを明示していないので、明確な比較の対象とはなし難く、その点を考慮した上で、一応の比較を試みると、次のとおりである。

① **行為主体**

不破論文では、行為主体は後述②のように、母に限定されるが、その限定のない植松論文では男子が二五・七％も占め、昭和三〇年の「殺人に関する量刑資料」（入江正信判事補著「司法研修所調査叢書」〔昭三三〕——以下三〇年資料と略称する）では二五・五％であるのに対し、土屋＝佐藤研究では、僅かに四・九％で女子の比率が非常に上がっていることがわかる（なお前掲の表参照）。しかも、植松論文では、嬰児殺に関与した男性のうち、被害者の祖父二名を除く他はすべて私生児の父で、嫡出子の父は皆無であるのに対して、三〇年資料では、私生児の父は全体の一〇・九％、嫡出子の父が九・一％

と、嫡出子の父が行為主体として登場してきており、土屋＝佐藤研究になると、植松論文とは逆に私生児の父はいない（同研究八五頁）。

前掲の表における累年嬰児殺検挙人員男女比からも明らかなように、行為主体を限定しない我が国の嬰児殺も、最近は行為主体を「母親」に限定する多くの立法例と大差なく、行為者の殆どが母親となって、男性の関与する事例が少なくなったという指摘は、一般的に正しいと言える。しかし、前掲の表は、昭和五〇、五一の両年度の女性比がやや下降傾向を示しており、五二年度は再び女性比が九〇％以上を示している。しかし、五三年中の新聞報道記事は、男性関与事例の増加を推知させる。しかも父による最近の嬰児殺は、終戦直後の父の嬰児殺が、身体障害児の殺害に父が責任をとる型態であったのに対して、妻が家出したり、妻を追い出したりしたため、残された嬰児の処理に独り窮して殺害するといった、いうなれば核家族＝責任回避型嬰児殺で、父も母も同じ次元、同種の動機で、嬰児殺が行われるようになった傾向のあらわれであり、男性の社会的未熟さ、男性の女性化という意味でのモノ・セックス文化傾向や過保護教育の社会傾向とも一致して、注目に値するものがある。

②　行為の客体

不破論文では、刑法改正予備草案（昭二）二五九条にいわゆる「母分娩ノ際其ノ子ヲ殺シタル」場合という嬰児殺概念を前提とするためもあって、行為の客体は非嫡出子が一〇〇％であったのが、植松論文では九六％と僅かに嫡出子殺が例外的に登場し、三〇年資料では非嫡出子は七二・七％に減少し、さらに土屋＝佐藤研究では五三％と漸く過半数にとどまり、嫡出嬰児殺がふえて来ていることが注目される。また、不破論文は、近親相姦に由来する妊娠が相当数あることを指摘し、その規定を欠くことの不当を論じており、植松論文でも近親相姦による妊娠事例は二九％を占めていたが、土屋＝佐藤研究では、近親相姦による嬰児の殺害は皆無となっている。これは、優生保護法による中絶合法化により、そのような望ましくない子の出産は避けられるようになったことによるものと思われる。

③　情状など

避妊法は殆ど知られず、しかも妊娠中絶が厳禁されていた時代（戦前・戦中）の嬰児殺は、山本有三の小説に代表されるような、情状酌量すべき場合が多かったと推察される。不破論文も「嬰児殺の直接の動機が『世間態を恥ぢ苦慮した結果』にあらざるものは甚だ稀であった」としているのに対し、最近の嬰児殺事例の中には、見とおしもないのに親達の反対を押しきって若年にして内夫と同棲を始め、内夫の反対にもかかわらず、嘘をついてまで出産し、挙句の果てに出産後間もない嬰児を殺し、アルバイト先のデパートに遺棄した事例（昭和四七年五月三一日東京地裁判決例）とか、マイホーム夢見型嬰児殺(1)のように情状が必ずしも軽くない事例、さらには不破論文に引用のケースのうち、例外的な一例として五年の実刑に処せられた嬰児殺反復累行のケースも最近は一再ならず報道されている(2)。これらは今に始まったことではない（江戸時代以降の「間引き」を想起されたい）としても、これらのケースにおける嬰児殺の「日常性」化の背景は問われなければならない。

④　量　刑

嬰児殺に対する量刑も時代の推移と共に僅かながら変化が見られる。即ち、不破論文では、四八例中四二例（八七・五％）が懲役二年で、そのうち二九名（六〇・四％）が執行猶予付であり、これが標準科刑であった。植松論文でも結果的にはほぼ同様でやはり懲役二年・執行猶予三年が標準科刑となっている。ところが三〇年資料では、懲役二年・執行猶予三年と懲役三年・執行猶予三年とは同数（ともに一五名）で、いずれかを標準科刑ということはできない。私の昭和三六〜四〇年の調査では、懲役三年・執行猶予三年が二一名中一〇名で全体の四七・六％を占め、明らかに標準科刑の地位を占め、土屋＝佐藤研究でも、同科刑は三一・七％で最多であり（これに猶予三年を超えるものを加えると四九・二％に上る）、懲役二年・執行猶予三年の二〇・九％（これに猶予二年および四年、五年を加えても三一・三％）を上わまり、やはり標準科刑といえるが、私の右のデータよりは科刑が分散していることがわかる（東京地裁の昭和五一年度の嬰児殺に対する量刑調査でも同じ傾向が認められた）。

その他殺害の手口や死体遺棄の方法については、とくに昭和四〇年以降のコインロッカーへの死体遺棄の登場・普及等が注目されるが、紙数の関係で詳論は省くことにする。

以上の概観からも、嬰児殺は、その動機や行為主体・客体において、戦前や終戦直後のようにステレオタイプではなくなりつつあることがわかる。ここに数の上では増加しているとはいえない嬰児殺の今日の問題がある。

三　嬰児殺の背景・動機の推移の分析

子殺しを防止し、子の保護を考えるのに際しては、子殺し、ここではとくに嬰児殺の背景、動機の変容を分析してみる必要がある。

土屋＝佐藤研究によれば、「世間体を恥じて」という動機は、不破論文の指摘同様第一位で、しかも未婚者（全体の四五・八％）の場合は、その八一・八％であるが、全体としてはかなり後退して三七・五％にとどまる。「貧困」はこれに次ぐ第二位の動機で、二一・九％であるが、既婚者の四〇・八％に上ることが注目される。ノイローゼは、乳児殺群の動機の第一位（全体の二九・九％、既婚者では三二・三％）であるのに対し、嬰児殺群では九六名中僅かに一名にすぎない。総じて嬰児殺の動機には必然性が減少して、少なくとも外見上は、親としての情愛のかけらさえ欠落していると思わせるケースがふえて来ている。

行為の主体・客体の関係で、嫡出嬰児殺の増加が目立つが、それには核家族化が嬰児殺促進の引き金となっているといえなくもない。母性本能も先天的なものではなく、社会的経験と学習の中から生まれてくるものとすれば、未熟な夫婦だけの核家族化は、育児の面で破局を招き易くなる。ことに母親が有職者の場合は、結局、経済的・肉体的・精神的な全責任が母親にしわよせされ、いわば「代役のない主役」、交替制なしの二四時間労働と同じ苛酷な結果となり、母親は孤立し、疲れ果てて、現状逃避のための犯行に出ることになる。しかし、これは本来の出産直後の嬰児殺というよりは、生後ある程度経過した後の乳児殺に妥当する。また、核家族化が嬰児殺に直結するのでもない。むしろ核家族の中にも含まれないような独身者の事件が問題であり、夫や愛人や親きょうだいなどが、父として、男性として、家族としての役割を果たさないことが問題なのである。

次に、土屋＝佐藤研究で注目されるのは、対象者の中絶意思の有無で、その意思のあった者が乳児殺群の九％に対し、嬰児殺群ではほぼ半数（四八・九％）もあり、未婚者では半数以上（五九・一％）が中絶意思をもちながら、費用がないため（二二・七％）、無知のため胎児が大きくなりすぎて（一三・六％）、恐怖のため（一一・四％）などの理由で中絶できなかったとしている。既婚者の場合は、その四二・九％までが中絶意思がありながら、中絶費用がないため、やむなく出産し、殺害に及んだケースであったという。後者の例は裁判例でも多く見られるところである。婚姻中に生まれた子を、妊娠中絶の延長として殺害している者が多いという指摘は正当であろう。前出嬰児殺反復累行のケースについて東京地裁八王子支部判決も「……いわば前近代的な『間引き』ないしは堕胎に近い性格の犯行である」と指摘しているように、いわば日常化した中絶（合法な）の延長として意識され、従って反対動機の形成が弱く、罪悪感なしに行われるところに問題がある。その限りで、実務上殺人罪の減軽類型として取り扱われて来た嬰児殺は、今や中絶の日常化のあおりで殺人罪としての実質を風化させてしまったとさえいえるのではないだろうか。子の生命という最重要の法益にかかわるだけに、これは重大な問題といえる。

四　嬰児殺対策

子殺し予防策については従来種々の提案がなされてきたが、前述三における嬰児殺の背景、動機および変容分析は、われわれを次の解決案に導く。

⑴　最も基本的な対策として、何よりも人命尊重の精神と主体性確立のための教育を徹底させ、その上で妊娠、出産、育児に関する正確な知識を青少年とりわけ若年女子に普及徹底させること。未婚者の多くは、妊娠の事実について無知に近い程情報をもたず、孤立化の中でなす術を知らず、無我夢中で犯行に至るのが大多数であることを考えるとき、妊娠・出産の意義、経過を熟知させ、同時に育児補助（代役）による母の息抜きのための社会福祉制度を確立すること。

⑵　前述のように、既婚者の場合は、費用の問題に直面する者が多数である。この点については、外国の立法例に見られるように、合法的中絶の場合は準疾病扱いとして保険給付制度の採否を討議

すべきであろう。この点につき、菊田医師は、経済的費用の問題ではなく戸籍の問題だとして、実子特例法の制定を主張するが、医師の体験はいわば地域医療での局部的体験で、そこから全体を論じることは必ずしも正当とは言えないだけでなく、同医師の取り扱ったケースの中にも既婚者の嫡出子がかなり含まれており、しかも出産費用を、貰い親が負担している場合もあるというのであるから、あのように言い切ることはできない筈である。まして真に経済的に苦しい者はそもそも医師の許に行こうとはしないであろうから、菊田医師がその種の妊婦に接することは稀有であることを考えただけでも、実子特例法が子捨て・子殺し防止のオールマイティのように考えることは些か独断的のそしりを免れないことが明らかであろう。同様に筆者も、もとより経済的手当（貨幣的援助）のみが子殺し防止の唯一の方法と考えているわけでないことは、これまでの論稿において十分論じてきたつもりである。

いずれにせよ、前述のように嬰児殺群の約半数の者は中絶の意思をもっているという事実および中絶の日常化、優生保護法のルーズな運用による堕胎罪規定の空洞化がひいては伝統型の犯罪の最も基本的な殺人罪の一部を風化させているという事実があるとすれば(補注1)、どうしても堕胎罪規定を含めて立法を洗い直し、同時に適用の公正を期する必要がある。即ち合法的中絶と非合法堕胎とを明確化し、本来の嬰児殺の要件を法定するか、現在の裁判慣例を修正して少なくとも客体の範囲をより限定し、生命保護の基本姿勢を明確なものとし、かつ、これに対しては画一的な標準科刑だけでなく、より個別的な量刑を確立する必要がある。その他、子の生命保護の外延確保のため、危険犯としての子の遺棄や、扶養義務の解怠を処罰するなど欧米の立法例にある直接的な児童保護の諸規定や間接的な母性保護の諸法規の採否を今一度考えてみる必要がある。しかし、法は、とりわけ刑法は、所詮ultima ratioたる性格のものであることを常に弁えていなければならない。

（補注1） 本稿でとり上げられた嬰児殺は、何れも加害者はやむを得ず被害者を殺害するに至ったものである。これは何れも出生率四を超えた時代である。平成一二年の厚生白書によると日本の出生率は一・一三という。その中での嬰児殺は邪魔者排除であることを考えると、生命尊重の人間としての持つべき意識の薄弱化を慨嘆しないでおれないと考えるのは筆者一人であろうか。

五 あとがき

嬰児殺事例（筆者の場合、主として裁判の記録によるが）を丹念に検討するにつけ、行為者がその置かれた環境の中で次第に孤立化し、ひたすら人の目をおそれ、妊娠の事実をヒタ隠しに隠し、誰に相談するでもなく、夫や両親にも相談しないまま、秘密裡に単独で出産し、出産直後に嬰児を殺害することが多い。もとより子殺しとか嬰児殺でも、個々のケースによって事情は異なるので、一律には論ぜられないが、もしも出産のためのアドヴァイスを得、出産後の生活方法についての援助が得られれば、敢えて子殺しなど犯さないですむのではないだろうか。その意味では、たとえばデンマークのコペンハーゲン市で実施されているファミリー・ガイダンス（Familie-Vejledning）による child nurse 制度など参考にされてよい。ただどのような防止策を講じようと、子殺しが完全になくなることはないであろう。しかし一人でも多く抵抗の全くない子の生命を保護するため、多角的な視野で大人の英知を集め、日本は他国に比してとくに母の子殺しが多いといわれる汚名を雪《すす》ぎたいものと考える。

（1） 某大学生活共同組合に勤務の大学卒夫婦が計画外妊娠をしたものの、マイホーム建設用土地を夫が購入したその支払のためにも共働きを続ける必要があり、子の養育はできないと判断した妻が、殺意をもって墜落産した事例。

（2） 高槻市内のマンションのベランダに四体の嬰児（嫡出子）死体が遺棄されていた事件（大阪地裁昭和五一年一月三〇日判決。懲役三年執行猶予五年）、内縁の夫婦が共同で生後三ヵ月の次女および出産後の嬰児を連続二回合計三子を殺害・遺棄した高尾山連続嬰児死体遺棄事件（昭和五一年四月三〇日東京地裁八王子支部判決。夫は懲役七年、妻は同四年の実刑）、さらには五三年一二月二日東京新聞の報じた島根県で押入れの中から嬰児死体四体と死産後出血死したらしい母親の死体が見つかったという事件でも、母親が嬰児殺をくりかえしていた疑いが濃い。

〔補　遺〕

本稿執筆当時はまさにここに指摘した通りの実情であった。しかし、その後、少子化現象が始まり、平成一二年には高齢化と少子化の二極分解型となった。平均寿命も男子七八歳・女子八七歳と言われ、他方少子化が進んで平成一二年には出生率一・一三と世界一の出生率の低い国となった。二〇世紀の最後期に至って政府はエンゼルプランを打ち出して子育て支援対策の充実をはかり、本稿のように貧困で社会の支援は皆無に近く嬰児殺に追いこまれる状態がなくなったとは言えないにしても著しく減ったし、高齢者に対しては介護保険制度が充実して社会福祉の面で世界有数の国になったことは一概に幸いといえるかどうかは別論として、本稿執筆当時の物心ともにやり場のない困窮者が少なくなったことは幸いというべきであろう。

〔参考文献〕

Y. Kumasaka, R. Smith, H. Aiba, Crimes in Tokyo and New York : Social and Cultural Perspectives, Abstract Guide, XXth International Congress of Psychology, 1972,
J. Baumann, Eine Auseinandersetzung mit unseren Gegnern, in : Das Abtreibungsverbot des §218 (Hrsg. Baumann), 2. Aufl. 1972.（同書の翻訳・中谷＝人見訳「反対者との対決」堕胎是か非か〔昭五二〕参照）。
P. J. Resnick, Child Murder by Parents, A Psychiatric Review of Filicide, Amer. J. Psychiat. 126 (31) 1969, Murder of the Newborn: A Psychiatric Review of Neonaticide. 126, 1970
稲村博「子殺しの研究」犯罪学雑誌四一巻一号（昭五二）
同「子殺しの精神病理」中外医薬二七巻（一九七四～七五）
福島章「子を殺す親」犯罪と非行二九号（一九七六）
同「子捨て・子殺しの社会病理」現代人の異常性―性と愛の異常性（昭五一）
土屋真一＝佐藤典子「嬰児殺に関する研究」法務総合研究所研究部紀要17（一九七四）
植松正「嬰児殺に関する犯罪学的研究」刑事法の理論と現実（小野清一郎博士還暦祝賀）（昭二六）

不破武夫「嬰児殺」刑の量定に関する実証的研究（昭一八）
岩井弘融「最近の女性犯罪をめぐる社会学的分析」ひろば二六巻六号（一九七三）
武田京子「既婚の母の子殺し考」あごら八号（一九七四）
越永重四郎＝高橋重宏＝島村忠義「戦後における親子心中の実態」厚生の指標二二巻一三号（昭五〇）
高橋重宏＝上石隆雄「日本における複合殺（いわゆる心中）の実態」厚生の指標二四巻三号（昭五二）
高橋重宏「コペンハーゲンのファミリー・ガイダンス」世界の児童と母性（創刊号）（一九七五）
佐々木保行他『子殺し』の心理学的研究（1）（Ⅱ）」宇都宮大学幼児教育研究協議会研究報告第一・二集（一九七四、七五）
佐々木保行「子捨て・子殺し」ジュリスト特集現代の家族（一九七七）
中谷「『核家族』化と嬰児殺し」ケース研究一三五号（一九七三）
同「女性犯罪と刑の量定（一〜三）」法学研究四一巻（一九六八年）六号、一〇号、四二巻（一九六九年）二号
同「幼児殺傷・遺棄」ジュリスト五四〇号（一九七三）
同「女性犯罪増加の実態とその背景」法律のひろば三一巻一号（一九七八）
同「菊田医師『実子あっせん事件』の刑事法的側面」ジュリスト六六五号（一九七八）
菊田昇「実子特例法の提唱と嬰児殺の防止」ジュリスト六七八号（一九七八）

3

子殺し・親殺しとその法的側面

『子殺し・親殺しの背景』（有斐閣新書、一九八二年）所収

一 家庭の自治と家庭の崩壊

(1) 「法は家庭に入らず」?

むかし、ローマでは、国家組織をそのまま圧縮したのが「家」であり、国の皇帝に対応するのが「家父」であるとされていました。したがって家父は、皇帝が国を統治するのと同様、自分の家を治め、家族に対する絶対権をもっていました。わが国でも、むかしから斉家治世が説かれ、敗戦までの「家」の制度は、ローマの「家父」には及ばないまでも、家族を統括し支配する権限を「戸主」に与えていました。この制度は、戸主とそれ以外の家族との差別を意味し、法の下の平等の原則に反します。とりわけ、戦前のわが国では女性の法的地位は低く、成年後も結婚しますと、独立して法律行為をすることのできない行為無能力者となり、一子、とくに長男の家督相続の制度と相まって、女性が遺産を相続し、または経済的に自立することは例外に属し、男性でも、二、三男に生まれると、分家・別家の形態での財産分与は行なわれるものの、長男と均等の権利が認められることはありませんでした。しかし他面、戸主は、家から出た者に対して生涯の義務を負い、失業の二、三男の生活の援助もひきうけるなどの責任を果たして来たともいえます。いわば家族は戸主の傘の中で保護された状態にあり、家族間の福祉はすべて家庭内で保障され担保されていたともいえるのです。このような家庭を前提とするかぎり、古来の法格言である「法は家庭に入らず」ということが妥当すると申せましょう。つまり、社会的モラルを前提とした家の「自治」が比較的広範に認められることになります。わが国の刑法は、外国の立法に比べて、家庭内の行為についてはあまり介入しないという基本的態度をとっております。例えば、親族間で犯された財産罪はおおむね処罰されることがなく（親族相盗例〔刑法二四四条・二五一条・二五五条〕（平成七年改正で「親族間の犯罪に関する特例」）、親族間の贓物《ぞうぶつ》罪〔二五七条〕（平成七年の改正で「盗品譲受け」の罪））、また扶養義務の懈怠や近親相姦などの規定もなく、最近の立法例に多く見られる婚姻や家族に対する罪の章もありません。このように、わが国の刑法が外国の刑法と比べて、家庭内の行為についてはあまり介入しないという基本的態度をとっていることは、それ自体正当と評価されてよいと思われます。

(2) 戦後の民主化と家族コントロールの消失

戦後、民主化と法の下の平等（憲法一四条）により、「家」の制度は廃止されました。それは、一方では、家族構成員に対する家（戸主）のコントロール機能の消失をも意味するのです。男女の本質的平等の保障（憲法二四条）も、従来の戸主や父権による一枚岩のような家の統括を揺るがす作用をもっていたといえます。そのうえ、一九六〇年代から急速に進んだ核家族率の上昇（たとえば、一九二〇年から一九五五年までの三五年かかって核家族率は四・五％の増加にとどまったのに対して、一九六〇年から六五年までのわずか五年間で四・八％も増加している）がその傾向に一層拍車をかけたと見ることができるように思われます。そうなると、家庭の自治機能は失われ、しかも「家」や父・夫のコントロール機能に代わる社会的コントロールも確立されることもなく、宗教的なモラルというバックボーンも持たないわが国の平均的な市民の間では、極端な場合には、家庭崩壊へと音を立てるように傾斜していくことにもなります。家庭の「自治」は、一方では家族統制の機能をもっと同時に、他方では、当然に、家族保護の機能をも持っていました。したがって、家の自治の崩壊は、ある意味では、家族構成員を保護のない状態に放り出したと見られなくもありません。

(3)　刑法の家庭内への介入の限界

家の自治、家族コントロールの状況の変容は、あらためて「法は家庭に入らず」の原則を再検討すべきインパクトとして作用しているともいえるのではないでしょうか。たとえば、マスコミでは最近とくに母子相姦を問題にし、養護施設関係者は父娘相姦を問題にし、宗教団体は女性とくに少女の売春を問題にします。これらの場合、親や売春の相手方となった男性は処罰の対象とならないので、これらの性的被害をうけている子の保護をなんとかすべきだという要請が出されたりします。外国の立法例では、近親相姦を処罰するのが一般ですから、少なくともこの点でわが国の刑法は「法は家庭に入らず」という謙抑性ですぐれているといえます。ただ、近年その方面でも処罰の要請が出されるほどの現実があることが問題と申せましょう。昭和四九年の改正刑法草案は、直接近親相姦を規定してはいませんでしたが、「被保護者の姦淫」を規定し、近親相姦のうち父娘・母子相姦にも対応できるようになっております。しかし、この規定もかなり間接的な規定方法をとっており、家庭内における性的行為の自由というプライバシーへの介入方法として、それ自体妥当なものといえましょう。(補注1)

(補注1) この改正草案は結局現実化されず、平成七年法律九一号の刑法改正では、単に条文を平仮名にしただけで内容の改正をしたわけではなかった。

(4) 殺人罪の重み——「殺すなかれ」

「殺すなかれ」という殺人の禁忌は、モーゼの十戒に代表されるように、「法」成立以前から、ア・プリオリに社会の基本的タブーとして確立されて来ました。

家族間の財産罪が原則として不処罰とされるのに対して、同じ財産罪でも強盗罪になると親族相盗例の適用はありません。それは、強盗の手段として使われる暴行・脅迫は、それ自体被害者の生命・身体という高次の法益の侵害の危険を孕んでいるからに他なりません。まして生命となると、個人的な処分権の範囲外と考えられます（だからこそ、承諾があっても、依頼によるものであっても、殺人は処罰されます）から、殺人行為については、法は全面的に介入するのです。

(5) 生命の保護――一人の生命は全地球より重い

個人の法益の中で、生命は最高・最重のものであり、絶対視されて来ました。生命は、生命なるが故に絶対不可侵と考えられて来ました。西ドイツ憲法は「人間の尊厳」と「人の生命・身体の不可侵権」の保障を明記しております（ドイツ基本法第三条）。わが国では西ドイツ憲法のような表現はとりませんでしたが、法定手続によらなければ「その生命若しくは自由を奪はれ、又はその他の刑罰を科せられない」と規定したいわゆるデュー・プロセス条項（憲法三一条）をはじめ、憲法上の基本的人権の保障も、刑法上の殺人罪の法定刑が死刑を含む重いものであるところからも、人命を厚く保護する姿勢は確立されています。さらに、判例の中には、「一人の生命は全地球より重い」としたものもあるほどです。親族間の財産罪については、親族は同じ消費共同体に属するから、その中で特定のだれに財産が帰属することになろうと違法とはいえないとか、親族間では、たとえば親の物を盗むなとか、子の財産を勝手に処分するなとかいっても、反対動機の形成が期待できないから犯罪は成立しないとかいうように説明する学説もあるくらいですが、こと人命にかかわると、親だから、子だから、許されてよいということにはなりません。あかの他人なら許せることも、近親者であるために許しがたいと思われることもありましょう。同居者であるためにストレス増幅の機会が重なり、殺害に至る場合もありましょう。夫婦・親子だからこそ、背信行為を咎める基準もきびしくなりがちといえましょう。とくに律令以来のわが国の刑法では、尊長の殺害は人倫上許されない大罪だと考えられて来ました。外国の例では、現在では親殺しを特別重い罪として扱ってはいないのが殆どですが、それでも、計画的または残虐な殺害方法によるいわゆる「謀殺」については、その国の規定する最も重い刑（主として無期の自由刑）を科すべきものとされています。

二　子殺しとその制裁

(1)　「子殺し」の対象としての「子」

「子殺し」というとき、その「子」は年齢的に小さな子供を意味するのか、それとも親と子のつながりでいう「子」を意味するのでしょうか。もちろん、暴行・強姦後の殺害や身代金目的の誘拐後の殺害など、親以外の肉親や他人による子どもの殺害にも社会は無関心であり得ませんが、一般の殺人から「子殺し」を区別して問題にするときは、親による「子」殺しを意味するのが普通に思われます。

わが国で親による「子」殺しの犠牲になった子どもの数からいうと、親子心中による場合が最も多いのですが、この親子心中を含めて子殺しが一般の殺人から区別して論じられるのは、自立できない未成熟の「子」を親の保身のため、もしくは自殺の延長（拡大自殺）として殺害する点にあるのですから、「子殺し」の被害者は学童（一二歳未満）ないしせいぜい義務教育年限内（一五歳未満）に限定するのが適当だといえましょう。現に「子殺し」の被害者に関するデータによりますと、子殺しの九〇％以上が一二、三歳までの子どもであることがわかります（中谷「子殺しの法的側面」佐々木編『日本の子殺しの研究』一〇五頁注9参照）。西ドイツでは、一三歳までの子ども（Kinderといい、一四〜一七歳のJugendliche〔少年〕から区別する）の殺害を考えているようです。また「子殺し」の研究で有名なアメリカの精神医学者レズニックは、子殺しを生後二四時間以内の新生児殺（neonaticide）とそれ以後の実子殺（filicide）にわけますが、実子殺の対象を二〇歳以下に限定しています。わが国の成年年齢と対応させますと二〇歳未満とすれば、「子殺し」の対象の「子」の範囲を画するのに最も明確な基準が与えられることになりましょう。しかし、自立できるかどうかは、実質的には、年齢によりません。たとえば、稀におこる障害児殺は、例外的に子が成年に達したのちにもおこりうるという実例を私たちは知っています。そこで本稿では、成年後の子の殺害も「子殺し」の範疇に入れることにします。

(2) 子殺しの分類

子殺しの分類は、最近とくに精神医学者の間で、動機別分類（レズニック）、客体、動機、態様、精神状態等の諸要因総合分類（稲村・福島ら）などが試みられています。しかし刑事法の分野では、嬰児殺、乳児殺、幼児殺、親子心中、その他の子殺しを分類する程度です。親子心中は、子どもの同意を得ているように見えて、実は、その同意は刑法上有効なものとは考えられませんので、生き残った親には単純な殺人罪が成立するものと考えられています。子殺しといっても、わが国の刑法は、子殺しを特別な構成要件（犯罪類型）として規定しているわけではありません。外国では嬰児殺を一般の殺人から区別してとくに軽い刑を科すべきものとすることが多いので、嬰児殺にあたるかどうかが問題となります。わが国では嬰児殺を規定する法規はありませんが、裁判の実務ではこの範疇を認めていますから、これだけは分類する必要があるといえます。他は情状として考慮されるだけです。

(3) 子殺しに対する法的評価の二面性

子殺しも殺人罪にあたることに異論はありませんから、それが処罰の対象とされることは、自明の理とされて来ました。しかし、子殺しを一般の殺人よりも重く処罰するか、それともとくに軽く処罰するかについては、立法例は分かれています。

① **軽減類型としての嬰児殺**

東洋の法制には、尊長殺重罰の規定はあっても、卑幼殺をとくに区別して一般の殺人罪よりも軽く扱うことも、逆に重く処罰することもなかったといえます。しかし、西欧の立法例には、子殺しを他の殺人罪から区別して規定しているものが少なからずあります。その多くは、とくに出産直後の嬰児（新生児）殺を軽い刑で処罰しようとする嬰児殺規定のみをおいているものです。

② **加重類型としての子殺し立法例**

他方、少数ながら、嬰児殺（減軽規定）の他に、尊属殺と同じく一般の殺人よりも刑を重くする一場合として卑属殺（主として子殺し）を規定するものもあります（たとえば、イタリア、トルコ、ブルガリア、アルゼンチンなど）。

このように子殺しに対する法的評価は、殺害者の責任をあるいは軽減するものとして、あるいは逆に責任を加重するものとして、相反する側面を備えています。

(4) 子殺し特別規定の立法理由

子殺し、とくに出産直後の嬰児殺を軽く処罰する一般に普及した法制度は、非嫡出子や強姦による子（姦生子）など望まない子を産まざるを得なくなった母親の行為動機や情状を考慮したうえのことと解されます。

これに対して卑属殺を尊属殺と同列に重く処罰することは、親の子に対する養育義務違反を道義的に非難することに根拠があると思われます。このように尊属殺と卑属殺の両者をともに重く処罰することは、法の下の平等という憲法上の要請を充たす一方法ではありますが、反対に、両者とも平等にとくに重く処罰はしないという方法もありうるわけで、両者ともに重罰を科すという形で親子間のモラルを端的に刑罰法規によって強制することは、適当ではないというべきでしょう。

(5) 嬰児殺とは――立法例の比較

多くの立法例は、出産中または出産直後の嬰児を殺害した場合を「嬰児殺」として通常の殺人よりも軽い刑を規定しています。イタリアなど少数の国を除く多数は、行為主体をとくに母親に限定しています。一般の殺人には無期（または死刑）または一〇年以上の重い自由刑が規定されているのに対して、嬰児殺はずっと軽く、六ヵ月以上五年以下（西ドイツ）、六年以下（スウェーデン）、重くても三年以上一〇年以下（イタリア）の自由刑とされています。これは主として行為者である母親の行為事情を考慮したものであり、出産という行為が母親に与える心身の影響下での行為であることを配慮した結果と思われます。前述のとおり、わが国にはこの種の規定はありませんが、司法実務上、一歳未満の乳嬰児殺を嬰児殺として取り扱うのが裁判慣例になっています。

(6) 嬰児殺で実刑を言い渡されることは殆どないことの意味

たとえば東京地裁の昭和四一年から五五年までの一五年間のデータによると、嬰児殺に対する宣告刑の九八%は三年以下の刑であり、しかも約八八%が執行猶予つきの判決を言い渡されています。嬰児殺の行為主体を母親に限定しないわが国でも、嬰児殺の行為者における女性の割合は、戦前や終戦直後ごろ(八〇%未満)に比べて重くなり、多いときは九五%にものぼります(栗栖瑛子「子殺しの背景の推移」中谷編『子殺し・親殺しの背景』第二章参照)。しかも右の対象事例をさらに生後二四時間以内の新生児殺(西ドイツでは嬰児殺規定の適用について生後二、三時間でさえ問題となるのですから、生後二四時間までをここに含めることは、それよりはかなり要件を緩和したことになります)に広げてみると、五六例中五二例が執行猶予つきですから、猶予率は九二・九%にものぼります。このことは、昭和四一年から五四年までの一四年間に発生した嬰児殺事例総数が二、六六〇件、検挙件数は二、二七二件で、うち起訴件数(人員)はこれに対して合計二三一件ですから、平均すると起訴されたものは、認知された総数の一〇・三%にすぎず、しかもそのうちの九二・九%ないし八八%は執行猶予になるというのですから、嬰児殺で実刑に処されるのは、例外中の例外であることを示すものといえます。

イギリス(一九三八年嬰児殺法)、西ドイツ(刑法二一七条)など嬰児殺を殺人罪の中でとくに軽く処罰している外国でも、嬰児殺に対しては殆ど執行猶予付の判決が言い渡されていますから、一見、世界共通のことのように思われますが、生後一二ヵ月以内の乳児まで嬰児殺の対象としているイギリスでさえ、行為者は母親に限定され、しかも出産による心身への影響が残っている情況での犯行であると認定されたときに限定しているのです。まして西ドイツなどでは、生後二時間は分娩直後といえるかが裁判で争われるほどで、二四時間以内というよりももっと限定して「出産中または出産直後」としているのですから、「嬰児殺」という形式的なカテゴリーは同一でも、彼我同一に論じることには問題がありそうです。

(7) 重い西ドイツの子殺し

私の体験では、今から一〇年ほど前、西ドイツの北西部にあるフェヒタという小都市にある女子刑務所を訪れたとき、出所直前という無期受刑者二人に逢いましたが、そのうちの一人は、生後六ヵ月の自分の子供を殺害した元売春婦でした。この事例は、わが国では「嬰児殺」としておそらく懲役三年、執行猶予三〜五年くらいの刑に相当するもので、まかり間違ってもせいぜい実刑二〜三年どまりと思われました。すでにその刑務所に一五年以上服役している模範囚ということでしたから、一九五〇年代に刑を言い渡されているわけです。その後、西ドイツでは刑法改正で刑罰制度に変更があったうえ、世界的に緩刑傾向が進んでいますから、現在では、西ドイツでもそれほど重い刑が言い渡されることはなくなったと思われますが、わが国では嬰児殺として殆ど実刑を科されることのない生後六ヵ月児殺しが、外国ではすでに一般の殺人ケースとして重い責任を問われることに、私はすっかり考えさせられたことを、今でも鮮明に思いおこすのです。

乳嬰児殺の場合、被害者が独立の人格を認められないために、もっぱら加害者側の事情が量刑にあたってとくに考慮されるように思われますが、ひるがえって考えてみると、被害者にはなんら抵抗の余地なく、将来の可能性も全く未知のものであるわけですから、加害者の責任は最も重大であるといえなくもありません。その意味では、嬰児の生命の重みがもっと強調されてよいのではないでしょうか。ただ、どの事例をとってみても、直接手を下したのは母親でも、その嬰児殺の衝動へ駆りたてた夫や情夫や周囲の者こそ問題であり、少なくとも責任の半分はこの人達が分担すべきだと思われるのに、法律上は、直接手を下すことはなかったその人達にその責任を問うことはできません。執行猶予つきの軽い刑も、裁判官の行為者へのいたわりと、男性としての後めたさのような苦渋の表明として理解でき、それらは往々にして判決文中「量刑事情」のなかに汲みとることができるように思われます。

しかし、右の事情を斟酌《しんしゃく》したとしても、四人も五人も子供を産んでは殺し産んでは殺ししたような事例（昭和五三年発生の米沢の織布工事件――但し一審は三年の実刑、控訴審〔仙台高裁〕で執行猶予四年付となった――および東京の椎名町でおきた事件）でさえも執行猶予付となったことは疑問に思われます。私もすでに何度も指摘しましたし、他の人達も認めておられるように、わが国の嬰児殺の発生件数は、とくに多かった終戦直後の昭和二〇年代を除き、年間一六〇ないし二〇〇件前後の恒常的な数値を示していますが、殺害の動機や殺し方の点ではかなりの変化が見られます。一般的に云うと、

「わが子殺さざればわが身立たず」といったギリギリの瀬戸際で子殺し（とくに嬰児殺）をした戦前型に対し、親の身勝手型と、何人もの嬰児を次々に殺害する反復累行型がふえたことなど、行為の実態が変わり、宥恕《ゆうじょ》されるべき理由がないような事例においても、量刑上は宥恕に値する子殺しに対する刑の伝統がそのまま惰性的に維持されているようにさえ思われます。刑がもつ一般予防的効果の点からも、それが真に人命尊重・人権保障につながるのかは、かなり疑問といわなければなりません。

⑻　親子心中と子殺し

嬰児殺の場合は、行為者としての母親は、その行為に至る過程において、むしろ被害者ともいうべき場合が多いとしても、嬰児との関係ではまさに加害者そのものであって、自らのいのちをかけたものではないのに反して、親子心中によって子が犠牲にされる場合は、親は文字どおり加害者であり、同時に被害者でもあるといえます。自らのいのちをかけた点では、同情に値するものがあるといえましょう。また心中の場合は、鬱《うつ》状態または幻覚・妄想状態など精神に異常のある場合が過半数であることも注目されます（後掲参考文献中『児童の虐待・遺棄・殺害に関する調査結果について』参照）。これは、実定法上無罪とされている「自殺」の延長、「拡大自殺」という観念で捉えることのできるものでもあります。

しかし、イギリスでは、古いコモン・ロー上自殺は重罪とされていただけでなく、一九六一年の自殺法までは処罰されつづけて来たように、生命はその本人の法益であると同時に家族・社会・国家の法益でもあるのですから、他人の生命にかかわることは、かりに本人の承諾や嘱託があった場合でも処罰されるのです（刑法二〇三条）。まして幼い子どもの場合、本人の同意があるように見えても、刑法上意味のある（行為の違法性を減少させる）ものとはいえず、親が生き残れば、通常、殺人罪となります。親子心中といっても、その大半は母子心中であり、母親は、子どもを自己の分身と考えがちですから（母子一体感）、自殺の決意と同時に子どもの将来と幸せを考えて道づれにする場合が多いのですが、子どもが独立の存在であることを考えれば、道義的にも社会的・法的にも許されないことなのです。「親子心中」は「子殺し」にほかならないことを母親はもう一度的確に認識し直すべきでしょう。

(9) 父の子殺し――開成高校生殺しの悲劇

昭和五二年一〇月三〇日午前〇時ころ、飲食店経営の父親が、高校一年の長男の家庭内暴力にほとほと疲れ、本人の将来に絶望し、妻ら家族の苦衷を救おうとして、その一人息子を殺害するという事件がおきました。この事件の報道は当時社会一般に大きなショックを与えました。このようないわゆる「暴君殺し」は昔からありました。それが父親であったり、夫であったり、息子であったり、被害者の立場はまちまちですが、家庭内の暴力の被害者（時として複数）が最終的に加害者になるところに特徴があります。開成高校生殺しがとくに話題にのぼったのは、被害者が日本でも有数の進学校の生徒で、将来を嘱望するに足る資質の持主であったろうと考えられること、家庭も経済的に恵まれていて、両親とも教育に熱心であったこと、父親は真面目な人間であり、事件の二、三ヵ月前頃より本人に精神科の治療を受けさせるべく病院数ヵ所を訪ねたり、事件直前には営業も休んで夜半息子が就寝するまでつききりで看護・監視にあたるなど、情状において同情すべきものがあります。家庭内暴力は、相手が家族という遠慮のない仲の者であるだけ、家族の被害は大きく、この暴君さえいなければとの思いに駆られて殺害に至る場合がほとんどです。被害者の暴力はこの場合特に母親にむけられたようですが、最近の親子関係に特徴づけられるように、このS家でも被害者は父親よりも母親と特に親しく、母親もこの子の将来を期待していたようで、夫が息子を殺し、裁判の結果、執行猶予の判決（東京地裁昭和五三年二月一六日判決――懲役三年、執行猶予五年）を言い渡された後、「たとえ夫でも、息子を殺したのだからもっと重い刑でもよい」などと口ばしったあげく、「早く子どものところへ行きたい」という遺書を残して、息子の死んだ同じ二階で首つり自殺をしてしまいました（昭和五三年七月二日）。S家の悲劇はまことに文字通りの家庭崩壊に終わりました。法的責任を負うのは、それに比べればむしろやさしいことといえるのかも知れません。

この悲劇の真の原因が現在の日本の教育制度にあったのか、その教育制度を前提とした親の過大な期待や家庭環境、本人の素質にあったのか、新聞報道や簡単な判決文からはうかがうすべもありません。ただ私たちは、この事件を契機として、子殺しがどんな犠牲をもたらすか、単に被害者だけでなく加害者の不幸にも思いを致し、この種事件の再発を防止するため、あらゆる英知を結集しなければならないと思うのです。

三　親殺しのタブーと尊属殺重罰の歴史

(1)　親殺しのタブー

ギリシャ悲劇の最大傑作といわれるソフォクレスの悲劇「エディプス王」は、わが国でも何度か上演されましたのでよく知られていますが、この物語の主人公エディプスは、出生に先立って、「父を殺し、母を犯す」と予言されていたため、生まれるとすぐ、その父テーベ王ライオスによって山中に捨てられました。しかし、牧人に拾われてコリント王の子として育てられましたが、のちに自分にまつわる予言を知り、この神託から逃がれようとしてのあらゆる手だてもむなしく、結局は知らずに父を殺し、母と結ばれて、二人の間には四人の子どもが生まれます。その後、テーベにおこった悪疫の原因をたずねた結果、王は、自分が父を殺し、母の夫であったことを知り、王妃は自殺し、王は二つの大罪を犯した罰としてわれとわが両眼をくりぬき、放浪の旅に出る、という内容です（詳細は、福島章「子殺し・親殺しの構造分析」中谷編『子殺・親殺しの背景』第六章参照）。フロイトは、この近親相姦と父親殺しの二大衝動に対する社会の禁忌＝タブーの確立こそ、人類における社会共同体＝人倫の根源であるとし、いわゆるエディプス・コンプレックス論を展開したのでした。

(2)　尊属殺重罰の歴史

エディプス・コンプレックスは、マリノフスキーやE・フロムの研究などによって、今日では父性原理の原型とされ、とくに父親の権威の強い社会にみられるといわれています。古代法は、洋の東西を問わず家父長権の強いのが共通の特徴でしたから、（父）親殺しのタブーを犯した者に対する刑は、とくに重いものとされていました。わが国では、尊属殺を一般の殺人と区別してこれに重罰を科することは、あるいは「沿革的には、ローマ法の parricidium 以来、諸国にひろくみとめられていたところである」とされ（大塚）、あるいは「これ（尊属殺を規定した旧刑法三六二条）は、新律綱領及び改定律例の人命律に規定していたところにさかのぼるものである」（木村亀二）と説がわかれていますが、日本の尊属殺重罰規定（旧刑法三六二条、現行二〇〇条〔平成七年法律九一号により廃止・削除。さらに廃止に至るきっかけとなった最高裁の違憲判決（昭和四八年四月四日刑集二七巻・三号二六五頁）参照〕）は、ローマ法＝フランス法的制度と東洋の律令制度との混合といえましょう。したがって大塚説・木村説とも半ば正しく半ば不十分ということになりましょう。

(3)　ローマ法における parricidium と革袋の刑

parricidium は、もともと一般の殺人罪を意味する言葉でしたが、紀元前五二年のポンペイウス法によって近親殺（親に限らず、広く祖父母、兄弟姉妹、おじおば、子女、配偶者その他の近親者の殺害を含む）のために用いられるようになりました。このローマ法を基礎とする大陸法系は、尊属殺だけを重く罰する法制と、尊属・卑属その他の近親殺を重く罰する法制にわかれました。いずれにせよ parricidium に対する刑は死刑でしたが、その執行は、執政官の決定だけではなく民会の議決を必要とする一般の死刑執行とはちがって、執政官の判決だけで死刑が執行できるものであり、犯人を革袋に入れ、さらにその袋の中に犬・鶏・蛇・猿を一緒に入れて袋を縫いつけ、チベリス河口などの海中または大河中に投じるというのが古くからの慣例だったようです。近代刑法は、殺人罪を、とくに重い謀殺と故殺とに区別するのが一般ですが、ローマ法は故意殺と過失殺を区別するだけで、故意殺の中で謀殺と故殺とを厳密に区別することはありませんでした。

(4)　仏・独・伊刑法と尊属殺

フランス法もドイツ法も共にローマ法に由来するものですが、特に一八一〇年のフランス刑法典は、近代刑法典のモデルであり、わが国の旧刑法のお手本でもありました。また一八七一年のドイツ刑法は、現行刑法の母法とされています。一八一〇年のフランス刑法二九九条は、今日でも尊属殺を重く罰する数少ない立法例ですが、故殺であり、これを謀殺・毒殺と同様、死刑に処すべきものとしたもので（三〇二条）、しかも、「いかなる場合にも有恕しない」（三二三条）という厳格さです（山口俊夫編『フランス法辞典』（東大出版会、二〇〇二年）によると、現在では「二二一―四条二号によって、尊属殺は故殺の加重犯として無期懲役」に処するとのことである）。西ドイツの尊属殺規定（旧二一五条）は、尊属に対する故殺を一般の故殺の刑（五年以上の重懲役）よりかなり加重して「一〇年以上の重懲役もしくは無期重懲役に処す」というものでしたが、一九四一年（ナチス時代）にすでに削除されています。フランスの場合は、尊属に私生子の父母・養父母も含まれますが、ドイツでは養父母も入らないとされていました。何れもローマ法にくらべると対象はかなり限定的になっているといえます。

イタリア刑法（一九三〇年）五七六条は、フランス、ドイツ（前述旧規定）とちがって、尊属殺は唯一の加重類型ではなく、卑属殺、謀殺その他の加重事由の一つにすぎないものとして規定されています。フランス、ドイツで尊属殺が故殺に限定されているのは、謀殺については最高刑（死刑）がすでに規定されているので、さらに加重することは不要・不能であったからにほかなりません。

(5) 英米刑法と尊属殺

英米刑法では、より徹底して、伝統的に、尊属殺を普通殺から区別していません。これは、イギリスのノルマン初期には謀殺・故殺を区別せず、殺人をすべて重罪視し、したがって原則として死刑であったという歴史的な伝統によるものでしょう。つまり、謀殺・故殺の区別をせずに殺人をすべて死刑とするところにおいては、より重く処罰すべき尊属殺を普通殺から区別して規定する「必要」も「合理性」も認められないからです。

(6) 東洋の法制（律令）における尊属殺

これに対して、東洋の法制では、同じ死刑といっても、行為の態様、反倫理性の大小に応じて執行の方法を異にしますから、道徳の根幹たる「忠孝」に反する尊属殺を普通殺から区別して概念し、刑を加重する必要も余地もあったものと解されます。

すでに漢律によれば、単純暴行でも父に対する場合は梟首《きょうしゅ》（さらし首）となり、親殺しは大逆をもって論ぜられるほか、晉律では、親殺しはもとより暴行傷害でも梟首とされ、さらには父母を罵っただけでも公開の死刑（棄市《きし》）に処せられ、妻が夫の父母を殺そうと謀ったときも同様のほか、おじ・おばを殺しても棄市されることになっていました。つまり、東洋の法制は、大陸法系の尊属殺よりもその範囲が傍系尊属および夫、夫の父母・祖父母にまで及び、かつ陰謀の段階ですでに「皆斬」という重刑が科せられる点で、ローマ法および西欧の法制より一層厳しいものでした。

明治一三年公布の旧刑法（明治一五年施行）は、基本的にはフランス刑法を継受したものですが、その際、フランス刑法の尊属殺規定にはない庶出の高曾祖父母、継父母およびその父母にまで尊属殺の対象を拡大しているのは、律令以来の伝統が素地となっているものと思われます。それが、現行刑法（明治四〇年法律四五号）二〇〇条（もっとも、後述の昭和四八年における最高裁の違憲判決によって事実上効力停止。その後平成七年法律九一号により削除）の立法にあたって、配偶者の直系尊属がこれに付加されました。それだけ尊属殺の範囲は拡大されたといえますが、刑は、旧刑法では死刑のみであったのが、現行刑法になって「死刑又ハ無期懲役」といくらか緩和されました。それでも、一般の殺人罪の刑が「死刑又ハ無期若クハ三年以上ノ懲役」とされているのに比べると、大変重い刑といわねばなりません。

(7) 父性原理支配から父親なき社会への推移

（父）親殺しを社会の最も根源的なタブーとするのが父性原理による社会的規制であることは、前に見たとおりです。そのような社会的規制は、近代化、とりわけ法の下の平等の考え方の確立によって弱められました。小此木博士によれば、父性原理の喪失は、善悪の区別をあいまいにし、明確な規範を子どもに与えることができない社会や、自信がなく、迷いながらしか子供たちを指導できない父母や教師をうみ出し、価値観の多様化は、当然に特定の規制原理を相対化し、個人の感情や利害を人権の名の下に優先させ、社会秩序や国家を軽んずる風潮としてあらわれる、とされます。少なくとも先進国にあらわれた父性原理を喪失した社会、すなわち「父親なき社会」は、「いつの間にか現代社会の心的な特性を言い表わす基本概念の一つになってしまった」というのです。日本は、本来「母性社会」といわれて来ました。したがって父性原理による規制の喪失はわれわれに無関係のようにも見えますが、家庭内の父性の喪失、「父親」不在が現代の親子関係の病理だという指摘が出てくるのはなぜでしょうか。

(8) 親子関係の病理における日本的特性——その二重の苦悩

明治の文明開化によるわが国の近代化は、母性社会のもつよき伝統を意識的に自己否定することによって、父性原理である西洋の規制原理への同一化によって——具体的にはローマ法＝大陸法の継受の形で——実現されたのでした。つまり少なくともタテマエとしては、わが国も父性原理社会への同一化がはかられたのですから、目標とされた欧米先進国の現代社会に特有な社会変化＝父親なき社会化は、わが国にもあらわれたのです。そのうえ、この西洋の規制原理（＝父性原理）への同一化は、わが国の古来のよき伝統（阿闍世《あじゃせ》コンプレックスに代表されるような母性社会的・日本的規制原理）を否定することによってもとめられたものですから、わが国の現代の親子関係の病理は、単に「父親」不在の結果とみなすことで割り切ることのできないものがあり、そこに日本的特性があると小此木博士は指摘しています。

四　尊属殺規定違憲判決とその背景

(1)　尊属殺規定合憲判決から違憲判決まで

父性原理による社会的規制の弛緩と平等原則の普及は、親殺しを親殺しなるがゆえに特に重く罰する法制の合理性を喪わせ、尊属殺重罰規定の否定へと発展するのは、むしろ当然のことといえましょう。とくに法と道徳とを截《せつ》断しようとする傾向の強い現代社会では、なおさらです。

戦後、わが国の尊属殺規定については、何よりも、法の下の平等を規定している新憲法の下で、果して合憲といえるかどうかが問題とされました。

① **尊属殺規定合憲判決**（昭和二五年一〇月一一日刑集四巻一〇号二〇三七頁）

最高裁判所は、最初、昭和二五年一〇月一一日、尊属殺重罰規定は「法が子の親に対する道徳的義務をとくに重要視したものであり、これ道徳の要請にもとづく法による具体的規定に外ならない」とし、かつ、「立法の主眼とするところは被害者たる尊属親を保護する点には存せずして、むしろ加害者たる卑属の背倫理性がとくに考慮に入れられ、尊属親は反射的に一層強度の保護を受けること」があるにすぎないとして合憲だとしました。この判決には真野・穂積両裁判官の有力な反対意見がありましたが、しかし、これと同旨の合憲判決はその後度々くりかえされました。これに反して学説としては、違憲説が有力かつ多数でした。

② **尊属殺規定違憲判決——判例変更（昭和四八年四月四日の大法廷判決刑集二七巻三号二六五頁）**

その後二三年を経て最高裁判所は、昭和四八年四月四日の大法廷判決で、ついにさきの判例を変更し、刑法二〇〇条（尊属殺人罪）は違憲である、としました。この判決は、一四対一の多数意見ですが、尊属であることを理由に通常人と差別すること自体が法の下の平等に反するとしている（いわゆる立法目的違憲説）のは六名の裁判官だけで、八名の多数裁判官は、尊属殺規定の存在自体は、尊属に対する報恩・尊重の道徳観念からみて不合理とはいえないが、「死刑または無期懲役」という、どんな情状があっても絶対に刑の執行猶予ができないほど極端に重い刑を定めている点で、普通殺人罪の法定刑に比べて著しく不合理な差別的取扱いをするものと認められるから、憲法一四条一項に違反して無効である、としたのです。

(2) 娘に殺された非道の父——違憲判決の対象事例

親殺しの事例について、ここでは、刑法二〇〇条を違憲とした右の最高裁判決の対象事例の一件だけを紹介することにしましょう（他の事例も含めて、佐藤典子「親殺しの悲劇」中谷編『子殺し・親殺しの背景』第三章参照）。

この事例では、実の父親でありながらわが娘（当初満一四歳）に手を出し、ひきつづきその関係を続けて五人もの子供を産ませたうえ、その事情を知らずにその娘と結婚してもいいという男性があらわれると、嫉妬心から、「何処まで逃げてもつかまえてやる、一生不幸にしてやる」、「ぶっ殺してやる」とわめくといった、およそ常識では考えられないような男が被害者でした。この父親が生きている限り自らの幸せをつかむことはできないと覚悟をきめてこれを殺害した娘（犯人）の気持は痛いほど理解できるし、同情もできます。

この判決は、刑法二〇〇条を違憲としたからこそ、原審判決を破棄自判して、被告人に対し懲役二年六月、執行猶予三年の判決を言い渡しましたが、合憲判決を前提とする限り、被告人がいかにあわれに思われても、原審のように心神耗弱による法律上減軽、情状酌量による減軽を重ねても懲役三年六月（実刑）に下し得るにとどまり、執行猶予を付することはできません。執行猶予は、猶予期間中は、「有罪判決を受けた者」として扱われますが、この期間が無事終了すれば「刑の言渡はその効力を失う」のですから、殆ど無罪に近いものということができます。昭和四八年四月四日の最高裁の尊属殺規定違憲判決は、そのような道を開いた画期的なものだったのです。

(3) 違憲判決と量刑への影響——東京地裁の場合

死刑と無期懲役しか規定していなかった尊属殺規定が違憲とされますと、刑法二〇〇条を改正して刑の下限を定めない限り、この規定を適用することはできず、結局普通殺人罪を適用することになりますから、量刑結果が従前より軽くなるのは当然です。筆者はその推移を知るために、とくに許可を得て、東京地方裁判所の保存にかかる判決謄本を総点検してみました。私が閲覧できたのは昭和四一年から同五五年に至る一五年間分でした。この間、尊属殺は未遂を含めて二五件でしたが、昭和四八年四月四日以前の事件では求刑に無期懲役が目立ち、宣告刑も四八年四月五日以後と比べると、**表1**のように顕著な差が見られました。

(4) おくれている立法措置

ところで右の違憲判決後、尊属殺の規定はどうなったでしょう。

最高裁判所事務処理規則一四条によれば、法律の違憲判決の際は、裁判所はその要旨を官報に公告し、裁判書の正本を国会に送付すべきものとされています。このことは、違憲と判断された法律の是正を制定権者である国会に委ねる趣旨なのですから、先の判決についても、当然に、遅滞なく、刑法二〇〇条の削除または少なくとも法定刑改正の立法措置がなされなければならなかったのです。実際に法務省は尊属殺および一連の対尊属罪重罰規定を全部削除（それが刑法改正の既定の路線でもある）の刑法一部改正法案を作成して法制審議会に提出、同会の決定・答申をまって直ちに内閣に送付し、

表1　東京地裁における尊属殺の量刑

	昭和41年1月1日～48年4月4日	昭和48年4月5日～55年12月31日
総　　数	9人*	16人
無期懲役	1	0
懲役15年	1	0
〃 10年以上**	4	3
〃 5～10年	3	5
〃 3～5年	0	6(1)***
無　　罪		2

*　この期間には他に，実母の嘱託殺人として1年6ヵ月の懲役刑を言い渡された者1人（女），尊属傷害致死罪として5年の懲役を言い渡された者1人（男），があります。

**　10年以上の長期は，違憲判決前は全体の3分の2の過半数ですが，以後は16分の3の少数にとどまるのが特徴です。

***　カッコ内は執行猶予つき。


閣議決定をとりつけました。さらに、訴訟係属中の尊属殺事件の普通殺事件へのきりかえ、尊属殺犯として服役中の受刑者に対する個別恩赦という行政上の対応策も講じました。ところが、右の法案は、自民党法務委員会の強い反対に逢って、国会への提出は見送られ、その後、一度、法定刑の下限を懲役四年とする改正案が国会に出されたことがありましたが、これも議決に至らず、違憲判決後すでに八年以上も何ら立法上の措置がなされず、刑法二〇〇条は事実上の効力を停止したまま、その形骸を六法全書に止めているのです。立法府、国会議員の怠慢として指弾に値することだと思われます（付記。刑法二〇〇条は平成七年になって法律九一号によって漸く削除された）。

(5)　「四日判決出でて孝行亡ぶ」？

かって明治二三年に旧民法が公布されましたが、明治の代表的な法学者穂積八束博士が「民法出でて忠孝亡ぶ」というスローガンでその施行を阻止した顰《ひそ》みにならって、「四日判決出でて孝行亡ぶ」のを憂えるというのが、前記刑法一部改正案に反対する自民党法務委員会の反対理由の一つになっていました。尊属殺人罪を削除しても、普通殺人罪の刑は死刑にまで至りうるのですから、親殺しが著しく背倫理的な場合であっても十分にこれに対応できるのであり、違憲判決の対象事例のような場合に公正な量刑ができるためにも、情状によって重くも軽くもできるものとすることが望まれるのです。「四日判決出でて孝行亡ぶ」の憂えが杞憂にすぎなかったことは、次ページの**表2**が実証するでしょう。

(6)　廃止されるべき尊属殺規定と「尊属殺」の呼称

尊属殺のように長年の道徳観に深く根ざした概念や法規定を完全に排除することには、それなりの抵抗はあろうと思われますが、すでに尊属殺規定削除の客観的諸条件は整っており、かつ、前述のように刑法一九九条の普通殺人罪の規定の適用によって十分カバーできるのですから、刑法二〇〇条は廃止（削除）されるべきものだったと考えます。

なお、刑法二〇〇条に限らず、民法においても、本人を基準として直上・直下する親族（血族）関係を、私たちは「尊属」「卑属」と呼びならわしてきました（民法七二九条・七三六条・八八九条・九〇

表２　尊属殺の認知件数・検挙件数・検挙人員と第１審有罪判決人員（昭和31～55年）

	認知件数	検挙件数	検挙人員			第１審有罪判決人員		
			総数	男	女	総数	男	女
昭和31年	136	137	134	120	14	54	51	3
32	95	94	93	81	12	40	35	5
33	115	116	122	96	26	47	43	4
34	114	114	116	98	18	42	36	6
35	89	89	85	72	13	47	39	8
36	88	87	88	73	15	30	24	6
37	74	74	70	60	10	24	23	1
38	72	72	70	63	7	24	24	4
39	86	86	79	68	11	24	20	4
40	95	95	88	73	15	28	26	2
	（昭和41～46年は男女別にかえ）			成人	少年			
41	83	83	81	63	18	41	35	6
42	59	56	53	43	10	28	25	3
43	70	70	72	63	9	20	15	5
44	76	75	74	54	20	17	14	3
45	80	80	79	70	9	23	20	3
46	71	71	65	59	6	21	19	2
	（昭和47年以降再び男女別）			男	女			
47	101	102	103	85	18	11	10	1
48	57	59	56	46	10	1	1	—
49	44	45	38	31	7	昭和48年４月４日刑法200条違憲の判決が出たため、昭和49年以降尊属殺の項目削除		
50	48	48	44	41	3			
51	55	56	48	41	7			
52	58	56	51	41	10			
53	53	55	50	40	10			
54	66	69	64	52	12			
55	56	59	52	44	8			

（出典）　警察庁「昭和31年～54年の犯罪」による。昭和55年の数は警察庁調査統計課調べ。

○条など)。本稿でも便宜上この語を用いてきました。しかし、新しい、個人尊重の平等な家族関係・親子観が確立された段階では、「親殺し」という概念は認められても、もともと親権偏重のレッテルのような「尊属」の名称や概念は排除されるべきものだったと考えます。

五　親殺しの子の責任と子に殺される親の責任

(1)　親殺し誘発の要因

①　被害者側の要因と加害者側の要因

前掲表1に見たように、昭和四一年から五五年までの一五年間の東京地方裁判所における親殺し事例は、未遂を含めても二五例を数えるだけでしたが、この中で、加害者が心神喪失として無罪とされたのが二例、心神耗弱と認められたものが五例、心神耗弱とは認められませんでしたがノイローゼに起因する犯行と認められたものが一例で、合計八例(三一%強。いずれも男子の事例)ありました。つまり三一%強は加害者に何らかの精神障害があった場合ということになります。これに対して、専ら被害者側に、もしくは被害者側にもかなり問題があると思われるケースは九例、三六%でした。このデータは、親殺しにおいては、被害者側の要因と加害者側の精神障害に起因するものの比率がほぼ接近していることを示すものといえます。

② 嫁の舅殺し――被害者と加害者の逆転の事例

筆者はかつて、刑務所で服役中の女性を中心に女性殺人犯に対する量刑を研究したことがありますが、そのときのデータによりますと、女性の親殺しでは、加害者が実は被害者の席に着くべき事例が多いように思われました。さきほどの違憲判決の事例もそうですが、そのほかに、嫁の舅殺しの事例でも、舅が息子（殺人者にとっては夫）の生存中もしくは死後その嫁に情交を迫り、半ば暴力的に犯した後は、その事実をタネに脅迫を重ねて情交を継続し、耐えきれなくなった嫁が犯行に及ぶ……といったケースが多いように思われます。例えば、すでに死亡した夫の父は尊属殺にいう「配偶者の直系尊属」にはあたらないとした画期的な福岡高裁昭和二九年五月二一日判決の事例も、極端な非道の舅が被害者でした。その他、野良仕事に出た際、夫の養父に犯され、その後は、いうことをきかないと息子に関係をバラすと脅されて情交を続け、妊娠した胎児が夫の子か舅の子かわからない情況で、思いあまって、農協の旅行に出かける舅の弁当のお菜に農薬をたらして毒殺した若妻の事例（名古屋高裁昭和三九年六月三〇日判決〔判例集不登載〕）なども、被害者はまさに被害者となるべき原因をつくった者で、犯人だけを責めることはできないケースであるといえましょう。もとより親殺しの中には、専ら親の財産目当ての犯行など加害者の一方的な責任が認められるケースも少なくはないし、また嫁の姑殺し（女子の親殺しの中では高比率）の場合は、一方的に被害者側に犯行誘発原因があるというよりは、日常的な家庭不和、人間関係の破綻・葛藤が誘因となっている場合が多いのですが、それでも一般の殺人事例に比べて被害者に犯行の原因が認められる率が高率であることが親殺しの特徴の一つであると言えましょう。

③ 家族構成・住居条件（外的要因）

親殺し誘発の重要な要因の一つとして、私は、家族構成と住居条件とを挙げたいと考えます。この両者は、密接に関連しているので、まとめて考察することにしましょう。

親殺しは、嬰児殺と共に農村型の犯罪であるというのが定説でした。そしてそれはまた十分理由のあることでもありました。都会では、堕胎（人工妊娠中絶）に対する情報も得やすく、手段も充実していますが、農村ではそれらの点で劣るため、望まない子供を産む羽目に追いこまれ、結局これを殺害する件数が多くなるというのであり、西ドイツでは、市町村の人口との関連で数値による検証もなされております。尊属殺については、前述のように英米にはその種の規定がもともとなく、ドイツでも一九四一年にはその規定を削除したため、比較法的・科学的資料は乏しいのですが、私のささやかな研究によれば、親殺しは二世代以上の家族が同居の場合に発生することが多く、大家族制度が崩壊するに伴って、それが残っている農村に尊属殺の誘因が認められることになるといえます。しかし、親殺しが農村型の犯罪というのは、誤解を招きやすいので注意すべきでしょう。農村だからこの種の犯罪が犯されやすいというのではありません。要は、尊属・卑属（前述のようにこの用語法自体、現在では差別語として排斥されるべきものです）が同居して、両者間の日常の些細な不満が解消されないまま雪だるま式にふくれ上がり、その葛藤の果てにこの犯罪が誘発されるのであって、このことは具体的な親殺し事例が如実に物語っているところです。しかし、複数世代の家族が同居している場合でも、家屋が大きく、個人のプライバシーが保護され、ストレス解消の空間的余裕のある住居条件が整っているときは、極端な破局に至らずにすみます。名古屋の団地で嫁が姑を殺した事例（名古屋地裁昭和四一年一一月九日判決の昭和四一年（わ）一一一六号事件）なども、狭隘な住居条件の悪さが些細な日常生活上の軋轢を増幅させて破局に至ったもので、親殺しが農村型の犯罪であるといわれる実質を問い直させるものとして注目されます。

最近マスコミでとくに問題視されている子（とくに嬰児）殺しの場合は、核家族化した家族構成において、夫や恋人らがその役割を果たさず、母親が、いわば「代役のない主役」を演じている場合に誘発されるのに対して、親殺しは、世代を異にする家族同居の場合に誘発される、という対照的な家族構成であることが注目されます。しかし、核家族化が嬰児殺の決定的要因なのではなく、むしろ家族関係の崩壊と社会的扶助の欠如がその決定的要因と見られるように、親殺しについても、大家族的家族構成のみが決定的なのではなく、住宅構造が、被害者側の有責性、加害者側の要因（心理的には孤立化意識、精神医学的には精神障害）と相まって、かなり決定的な役割を演じていることに注目すべきでありましょう。

前掲の**表2**に明らかなように、わが国では高度経済成長政策が進められ、国民の経済生活が次第に豊かになり、核家族化が急速にふえていった昭和三五年以後は、昭和四七年を別として尊属殺が激減していることが、このことを具体的に証明しているといえるのではないでしょうか。

(2)　極悪非道の親殺しはむしろ例外

今まで見てきた親殺し事例の分析から、親殺しの場合は、むしろ被害者に責められるものがあるケースと、親にさしたる問題はないが、さりとて加害者も、これに重罰の責任を負わせることのできない精神障害者であるというケースをあわせると、過半数を占めることがわかります。つまり、「親殺しの子」として、社会の最も基本的なタブーをあえて犯した、極悪非道の烙印を押されるべきものは、むしろ例外的なケースに見られるにすぎません。このような分析は、あるいはすでに「ゆるし」「甘え」に特徴づけられる日本的発想によるものなのかも知れませんが、判決文を見る限り、右の印象を払拭できないのです。

(3)　親殺しを身近なものにした金属バット事件

表2の統計に見られるように親殺しは、経済的なゆとりと住環境の改善によって、むしろ減少傾向にありますが、昭和五五年一一月二九日に川崎市内でおきたエリート会社員の二浪の次男が金属バットで両親を撲殺した事件は、世の多くの親たちにショックを与え、これまで自分にはかかわりのない

全くの他人ごとと考えていた「親殺し」を一挙に身近なものにしました。その証拠に「子に殺されないために……」「そんなことをすると金属バットでやられるよ……」などという会話が日常聞かれるようになったのです。この事件はまだ訴訟中で、真相は明らかではありませんが、マスコミでは、この事件の背景がおもしろおかしく取り扱われており、心ある人のひんしゅくを買っているように思われます。

(4) 受験戦争のおとし子か

暴れる息子を母が殺し（昭和四八年一月三〇日に東京の渋谷で発生した事件――被害者は一浪）、また父が殺した（開成高校生殺し）事件と金属バット事件とは、被害者・加害者という立場の逆転はあるものの、何れも現在のわが国における教育制度や受験戦争のあおりをくった本来はよわ虫の子という共通項をもつ者が主役を演じているのです。裁判では行為者の責任のみが主として問われ、その背後にある巨大な教育制度や現代社会のひずみが解明されることはありません。子殺しが悲劇であるように、親殺しも悲劇であり、親を殺した子の今後の人生を考えると、殺された親もさることながら、むしろその親以上に子の悲劇を考えずにおられません。その意味でも、何とかこの世の中から親殺し・子殺しの悲劇を一つでも減らしたいものです。そして、そのための対策については、法律自体はあまり役立つものとは思われませんが、本稿もその答えを用意しているはずです（なお、中谷編『子殺し・

親殺しの背景』収録の各論稿を参照して下さい)。

六　親殺しに関する若干の展望

(1)　考えられなくはない親殺し増加要因

上述したところにより、昭和四八年の尊属殺規定違憲判決以降、親殺しは際立って減少したことが明らかになったと思います(とくに本稿の**表2**「尊属殺の認知件数・検挙件数・検挙人員と第一審有罪判決人員」参照)。この中で例外的に昭和五四年に明らかな増加が見られますが、五五年は再び減少を記録しています。親殺し減少傾向が今後もストレートに進むとは思われませんが、さりとて増加へのUターンがはじまったともいえません。おそらく当分は多少の増減をくりかえしながらおおむね横ばい状態を続けるものと思われます。一方に経済事情の好転と住環境の整備、各自の生甲斐の確立など、親殺し衝動に歯どめをかける減少要因が考えられますが、同時に他方、親殺し増加の社会的要因がないわけではありません。

①　核家族化傾向の頭打ちと同居化へのUターン現象

昭和五一年頃からわが国では、核家族化の傾向が頭打ちになって、わずかながら同居化へのUターン現象が見られるという指摘が、マスコミでもとりあげられるようになりました。もとより、複数世代家族が同居することが直ちに親殺し誘発につながるものではないことは、いうまでもありません。とくに、親子関係が、一方的な親の押しつけを前提とした、縦の、主従的家族関係というより、個人の尊重を基本とした対等の家族関係が定着してきた現段階では、親子同居が、忍従＝反動型の親殺しの増加に直結するとは考えられません。むしろ、老後を家族と共に過ごせる幸せを喜ぶ老人の方がはるかに多いことと思われます。

② 高い三世代同居老人自殺率の意味するもの

しかし、東京監察医務院の上野正彦部長の研究によると、老人の自殺のうち際立って多かったのは、三世代同居家族という家族構成であったと指摘されています（昭和五六年六月一六日付朝日新聞朝刊による）。まさに、なまじ同居したばかりに、家族間・世代間の葛藤を誘発し、老人を心理的に現実逃避（死）へと追いやるプロセスを如実に示すものといえます。世代間の弱者が老人だった場合は自殺へと駆りたてられ、その力関係が強いか、逆に弱くても、子の世代にとって到底負いきれないほどの精神的・肉体的および経済的負担と感ぜられるとき、親殺しの破局に至りかねないことをも暗示しているように思われます。その意味では、老人に対する社会福祉に代替すべき複数世代家族同居のすめは、手ばなしでは歓迎できないものがあるように思われます。

(2)　高齢化社会の到来に備えて

わが国では平均寿命が急速に伸び、今や世界で第一の長寿国となりました。他方、出生率は減って、昭和五五年には、「ひのえうま」年にあたるため激減した昭和四一年の出生率をも下まわったことが話題となりました（その後さらに少子化は進み、平成一二年の厚生白書によると出生率は一・一三と報告されました）。わが国は急速に高齢化社会になったのです。

そこで、一方では老人医学の進歩と平均寿命の延長、他方では低経済成長下の物価の値上りによる家計の圧迫と老人に対する社会福祉施策の不備によって、老人の存在が家族の負担となり、現代版「姥《おば》捨て」や「安楽死」に名を借りた親殺しの誘発という落し穴が用意されかねないことに注意しなければなりません。

この危惧が単なる杞憂に終われば幸いであり、またそれを願うものではありますが、親殺しを一層減少させるためには、自民党法務委員会のように尊属殺規定を残して厳罰をもって臨むのではなく、より広範な、社会的施策と自己責任を基調とした、時代に即応した新しい家族関係および社会＝家族意識が形成され確立されることが望まれます。とくに高齢者自身の自助の精神と役割分担、生き甲斐を啓発するための法的保障を含む社会的施策や情報の提供が必要と思われます。そして最後に、人生の終焉に臨む老人のためのホスピスを含む医療体制の整備が考えられなければならないでしょう。（補遺）

〔補　遺〕　本稿執筆当時、筆者は右のように考えていましたが、本書の出版の平成一五年（二〇〇三年）、つまり二一世紀の現在では少子高齢化は一層進んだものの、老人は社会福祉の充実、介護保険による手厚い介助を得て概ね幸せであり、今や三〇歳の老齢者となって元気な筆者はこの社会福祉を支える若い勤労者の負担を何とかしなければと考えるのです。その中で聖路加病院名誉院長の日野原重明博士の『生き方上手』は老人を励ますものであり、また読売新聞社の「ニューエルダーシチズン大賞」の設定は高齢者の社会貢献を励ますものとして注目されるものと考えます。

〔参考文献〕

①　子殺し関係

P. J. Resnick, Child Murder by Parents : a Psychiatric Review of Filicide, Am. J. Psychiat., 125 (1969), pp. 327–339.

Resnick, P. J., Murder of the Newborn : a Psychiatric Review Neonaticide, Am. J. Psychiat., 126 : 1414, 1970.

厚生省児童家庭局『児童の虐待・遺棄・殺害に関する調査結果について』（昭四九）

中谷瑾子「子殺しの法的側面」佐々木保行編著『日本の子殺しの研究』（高文堂出版社・昭五五）

市川達郎ほか「吾が子殺し一〇八例」（犯罪学雑誌四七巻二号・昭五六）

小峰茂之「親子心中の成因に就いての考察」（精神神経誌四二号・昭一三）

越永重四郎＝高橋重宏＝島村忠義「戦後における親子心中の実態」（厚生の指標二二巻一三号・昭五〇）

高橋梵仙『日本人口史の研究』一巻（三友社・昭一六）

稲村博『子殺し、その精神病理』（誠信書房・昭五三）

植村正「嬰児殺に関する犯罪学的研究」『刑事法の理論と現実』㈡（有斐閣・昭二六）

栗栖瑛子＝大森晶夫「東京における子殺しの実態――戦後二二年間（昭和二五年〜四六年）の動向」（ケース研究一六〇号・昭五二）
土屋真一＝佐藤典子「嬰児殺に関する研究」（法務総合研究所紀要一七号・昭四九）
ポラック・O（広瀬勝世訳）『女性の犯罪』（文光堂・昭三五）
モートン（Mortone, J. H.）, Female Homicides, J. Ment Sc., 80 : 64, 1934.
東京市役所『東京市内における棄児の調査』（昭一二）
田村健二『家族社会学』（東京大学出版会・昭四五）
中谷瑾子「幼児殺傷・遺棄――いわゆる『親不知子不知時代』の背景と分析ならびに対応」（ジュリスト五四〇号・昭四八）
大原健士郎「親子心中に関する問題――問題解決場面における母親の態度」（矯正医学一五巻・昭四一）
大原健士郎＝宮田国男＝岩井寛＝青木公平「親子心中に関する問題」（矯正医学一五巻・昭四一）

② 親殺し関係

三原憲三『尊属殺廃止の研究』（雄景社・昭四五）
中谷瑾子「尊属殺」（ジュリスト増刊総合特集『現代の家族』・昭五二）
中谷瑾子「尊属殺重罰制度の史的素描」（法学研究五〇巻七号・昭五二）

4

被虐待児と法律

『小児看護』第六巻第六号（へるす出版、一九八三年）所収

一 被虐待の概念

(1) 被「虐待」「児」の意義

一九八三年早々に横浜でおきた中学生たちの遊びとしての浮浪者殺し、町田市の忠生中学における教師の生徒刺傷事件から明らかになった同校の校内暴力、「積木くずし」に描かれた少女非行など、最近のわが国では、子どもたちが主役（犯罪「主体」としての児童・少年）を演じているケースが、社会問題として世の注目を集めている。

これに対して、おとなの不当な行為の犠牲になる「被虐待児」（犯罪「客体」としての児童・少年）の問題は、わが国ではとくに組織的に調査・研究されたことが少なく[1]、マスコミの報道としても最近はあまり目立たない。しかし、欧米においては、とくに臨床医学の分野で、最近四半世紀の間に数多くの研究成果が報告されており[2]、また、法学サイドでも、児童虐待に関する法規定、とりわけ端的にこれに対応する刑法規定を有する国では、いろいろな研究や報告が出されている。

本テーマを論じるには、まず、被虐待児という場合の「虐待」とは何か、およびここにいう「児」

の範囲が明らかにされなければならないが、ここでは、本論に必要な限度で論及するにとどめる。

周知のとおり、「被虐待児症候群 the battered child syndrome」の名づけ親ともいうべきケンプ[3]は、「虐待」を、(1)物理的力の行使（殴打・暴行、注：筆者)、(2)身体的・情緒的放置（放任)、(3)情緒的濫用（精神的暴行・折濫、注：筆者)、(4)性的搾取（性的暴行)、の四つのカテゴリーに分けている。[4]

これに対して、最近、ベッカーは、『子どもに対する暴力—子どもの放任（放置)、虐待、性的暴行および殺害』という著書の中で、「児童虐待は、すべての場合において、両親またはその他の教育権者の権威的な力の濫用である」と定義している。後述（二—(1)）のように、ストレートに児童虐待罪を規定する刑法においては、「虐待」行為の内容が一応規定されているので、法的概念としての「虐待」を論じることができる。わが国の法制度上は明確にこれに対応する規定はないが、上記ケンプとベッカーのあげたところを総合して、児童「虐待」とは、物理的力の行使としての暴行（その結果的加重犯としての傷害・傷害致死)、精神的な虐待による傷害、性的虐待としての強姦・強制わいせつ、とりわけ近親相姦、そして最後に暴行の極としての子殺し、とくに嬰児殺と親子心中を含むものと解する。[6] これらはすべて子どもの人権にかかわるものであり、法律とのかかわりからみると、加害者に対する刑事制裁だけではなく、児童虐待の大半が親によるものであることから、当然に親権との関係が問題になるという意味で、民法とさらには児童保護の観点で児童福祉法（および後に、児童虐待防止法）などとも関係する。本稿ではそれらの法的対応の是非を論じようとするが、筆者の専攻は刑法であり、民法や児童福祉法に関しては精密な知見もなく、誤謬を恐れつつも、虐待阻止のための直接的なもしくは古典的なといってよい法的対応は、何といっても刑事制裁であるから、さしあたり現在の刑事規制の状況を中心に、児童虐待防止のための対応のあり方を考えたい。

(2) 被虐待「児」とは

被虐待児の「児」は、児童を意味するのであろうが、何歳までを児童というのかは、法律により、規定によって同一ではない。西ドイツでは（補注1）、一般にKind（子・児童）は一四歳未満の者をいい（ただし、父母との血族関係をあらわすときは年齢は関係ないものとされる）、一四歳以上一八歳未満の少年（Jugendliche）、一八歳以上二一歳未満の青年（Heranwachsende）、二一歳以上の成人（Erwachsene）と区別されるが、児童虐待（正確には保護を命ぜられた者に対する虐待）の場合（西独刑二二三条b）は、一八歳未満の子が行為の客体とされ、また近親相姦の場合（西独刑一七三条）は、行為の時、子や孫（および弟妹）が一八歳未満であったときは、これを不可罰としている。

一方、わが国における戦前の児童保護を目的とした立法は、工場労働者最低年齢法、船員最低年齢法などいずれも一四歳を標準としており、また児童福祉法の前身ともいえる児童虐待防止法（昭和八年）も、一四歳未満の者をもって同法による保護対象としての児童とする（同法一条）など、おおむね一四歳未満の児童の保護が考えられていたといってよい（なお、明治四〇年制定の刑法四一条も満一四歳未満を刑事責任無能力としている）。これに対して現行法上児童（および少年、未成年者）に関する保護の規定においては、それぞれの立法趣旨に応じて呼称名も年齢区分も、必ずしも一様でないことは、**表1**の明示するとおりである。

（補注1）　本文で西ドイツ刑法を引用しているが、一九九〇年東西ドイツが合併された後、刑法は西ドイツ刑法がそのままドイツ刑法として承認されたので引用の条文はすべて現在のドイツ刑法の条文である。

二　被虐待児と法的対応

(1)　法概念としての児童「虐待」、とくに刑事立法例

児童虐待の症状や現状は、臨床医学や社会学の研究・分析に待つところが大であるが、立法例の中には、ストレートに児童虐待を刑罰の下におくものがあるほか、「虐待」の極ともいうべき「子殺し」をはじめ、「棄児」、「扶養義務の懈怠」、「性的濫用（性的暴行）」、「近親相姦」などをも刑罰の対象とする立法例も多い。

法概念としての児童「虐待」に関しては、たとえば前述の「児童」虐待にあわせてより広く「保護を命ぜられた者に対する虐待」を規定している西ドイツ刑法二二三条bは、虐待にあたる行為として

表１　児童・未成年者に関する法令と呼称名および対象者の年齢等

法領域	法令名（条文）	呼称名	年齢
民事法	民法（３条、４条）	未成年者	20歳未満の者
刑事法	刑法（41条、176条、177条、224条、248条など）	（刑事責任無能力）	14歳未満の者
		（性行為同意無能力）	13歳未満の者
		未成年者	20歳未満の者
	未成年者喫煙禁止法	未成年者	満20歳に至らざる者
	未成年者飲酒禁止法	未成年者	満20歳に至らざる者
	少年法（２条）	少年	20歳未満の者
	少年院法（２条）	少年	14歳以上26歳未満の者
社会保障法（社会法）	児童福祉法（４条）	児童	18歳未満の者
		乳児	１歳未満の者
		幼児	１歳から小学校就学の始期に達するまでの者
		少年	小学校就学の始期から18歳に達するまでの者
	児童手当法（３条１項、２項）	児童	18歳未満の者
		義務教育終了前の児童	15歳に達した日の属する学年の末日以前の者
	児童扶養手当法（３条１項）	児童	18歳未満の者又は20歳未満で同法の別表第１に定める程度の廃疾の状態にある者
	特別児童扶養手当法（２条１項）	障害児	20歳未満であって別表第１に定める程度の障害の状態にある者
	母子福祉法（５条２項）	児童	20歳未満の者
	生活保護法（81条）	未成年者	20歳未満の者
	母子保健法（６条２項、３項、５項）	乳児	１歳未満の者
		幼児	満１歳から小学校就学の始期に達するまでの者
		新生児	出生後28日未満の者
労働法（社会法）	労働基準法（56条１項、57条１項、58条、59条など）	児童	15歳未満の者
		年少者	18歳未満の者
		未成年者	20歳未満の者
	女子年少者労働基準規則（１条、３条、８条）	同上	同上
	勤労青少年福祉法	勤労青少年	20歳未満の者
教育法（公法）	学校教育法（22条、23条、39条１項、２項、77条、80条）	幼児	満３歳から小学校就学の始期に達するまで
		学齢児童	６歳に達した日の翌日以後における最初の学年の初めから、12歳に達した日の属する学年の終わりまでの者
		学齢生徒	小学校（又は盲学校、聾学校若しくは養護学校の小学部）の課程を終了した日の翌日以後における最初の学年の初めから、15歳に達した日の属する学年の終わりまでの者
警察法（公法）	道路交通法	幼児	６歳未満の者
		児童	６歳以上13歳未満の者
		大型免許を与えない者	20歳に満たない者
		普通免許、大型特殊免許及び牽引免許を与えない者	18歳に満たない者
		二輪免許、小型特殊免許及び原付免許を与えない者	16歳に満たない者

「折檻（quälen）」「虐待（roh mißhandeln）」、配慮すべき義務を悪意で懈怠すること（böswillige Vernachlässigung）」をあげている。これとほぼ同旨のオーストリア刑法九二条は、「肉体的または精神的な苦痛（Qualen）を与える」ことと規定し、あわせてその結果的加重犯としての虐待致死傷（同条三項）を規定している。

このような立法例に対して、わが国の刑法にはこの種の規定は存在しない。したがって、西ドイツ、オーストリアの規定にみられるような児童虐待に相当する行為は、通常の暴行（刑二〇八条）、脅迫（刑二二二条）、傷害・傷害致死（刑二〇四条・二〇五条）ないし遺棄（刑二一七条以下とくに二一八条）罪の中に包含されることになるから、後述（二―⑵）のわずかな調査報告例によってその一端を断片的に知る以外は、全国的に児童虐待の実態を知り、または統計上数値を明認することはできない。

⑵　児童虐待の実態

いずれの国においてもそう正確にはとらえがたいようであるが、米国では「児童虐待のレポートは今や毎年三〇万件あり、放任を含めれば一〇〇万件にもなる。約六万人の子どもが由々しい傷害を受けており、約二〇〇〇人の子どもが死亡し、六〇〇〇人の子どもが永久的な脳の損傷をうけている」[7]とされる。西ドイツでは、警察犯罪統計上年間約一五〇〇件（一九八〇年次）の児童虐待（Kindesmißhandlung）が計上されているが、これほど暗数の高い犯罪はあるまいとされ、犯罪学者や法医学者はこれを三〇〇〇〇から八〇〇〇〇件と見積もっているという(8)。なお、西ドイツでは、子どもに対する犯罪行為について有罪判決を言い渡された人員、被害児の年齢区分などに関する統計表があるので、その参照しうる最近三年間（一九七七～七九年）の表のうち、児童虐待にあたるもののみを抜粋して表示すると、**表2**のとおりである（その数は減少傾向にあるが、西ドイツでは出生率の減少に伴い、最近五年間の人口は年平均約〇・三％減になっていることを考慮する必要がある）。なお、前述のケンプの被虐待児症候群に関する研究の大要については、すでに石川稔教授の「児童虐待」（現代家族法大系三巻三〇五頁以下、とくに三一三頁以下）、米国における調査結果については、池田・前掲書（注1引用）五七頁以下に詳しいので、それぞれを参照されたい。

わが国における児童虐待の実態に関する調査・研究報告は、欧米より約一〇年おくれて、一九七〇年以降にはじまる。本稿は児童虐待の実態を明らかにすることを目的とするものではないので、調査報告に限定してみると、現在、私の知る限りでは、一九七三年四月一日から一九七四年三月末日までの間に、厚生省（現、厚生労働省）児童家庭局が全国の児童相談所に依頼して行った、同相談所の受理した三歳未満児に対する子殺し・虐待・遺棄のケースの調査（「児童の虐待、遺棄、殺害事件に関する調査結果について」、以下第一調査と呼ぶ）、大阪児童相談所の児童福祉司グループが一九七〇年から七四年までの五年間に大阪府下の管内の児童相談所（指定都市の大阪を除く）の養護施設において「被虐待」として受け付けたものを対象として行った調査（虐待ケース研究部会（児童福祉司）「虐待をうけた児童とその家族の調査研究」児童相談所紀要Ⅱ（大阪児童相談所）一九七六年、以下第二調査と呼ぶ）、

表2　西ドイツにおいて子どもに対する犯罪の理由で有罪判決を受けた者と被害児の数

罪名（西ドイツ刑法の条文）	第1審有罪者数			被害児の年齢														
				1977年					1978年					1979年				
	1977年	1978年	1979年	1歳	2歳	3～5歳	6～8歳	9歳以上	1歳	2歳	3～5歳	6～8歳	9歳以上	1歳	2歳	3～5歳	6～8歳	9歳以上
養護義務または教育義務の違反（170条d）	80	66	50	39	17	23	1	—	33	22	11	—	—	18	17	12	3	—
児童の性的暴行（濫用）（176条1項、2項、3項、5項）	2,108	1,932	1,852	1,332	445	278	35	18	1,270	382	224	39	17	1,218	365	224	29	16
同上致死（176条4項）	4	—	4	2	—	—	1	1	—	—	—	—	—	2	1	1	—	—
児童に対する強姦（177条1項）	75	78	64	61	10	3	1	—	68	8	1	1	—	52	9	2	1	—
謀殺（211条）	15	16	15	11	2	1	—	1	11	1	—	1	3	12	2	1	—	—
故殺（212条）	5	12	14	5	—	—	—	—	11	—	—	1	—	13	1	—	—	—
故殺の比較的重くない事態（213条）	10	2	2	10	—	—	—	—	2	—	—	—	—	2	—	—	—	—
嬰児殺（217条）	9	5	5	9	—	—	—	—	4	1	—	—	—	5	—	—	—	—
遺棄（221条）	5	2	3	4	1	—	—	—	2	—	—	—	—	2	1	—	—	—
傷害（223条）	363	309	319	334	19	5	3	2	281	20	8	—	—	298	17	2	2	—
危険な傷害（223条a）	201	204	183	173	21	6	—	1	168	31	4	1	—	148	22	9	2	2
保護を命ぜられた者に対する虐待（223条b）	205	178	145	170	27	8	—	—	143	25	9	—	1	122	16	6	1	—
重い傷害（224条）	0	2	1	—	—	—	—	—	1	1	—	—	—	—	1	—	—	—
傷害致死（226条）	14	6	8	12	2	—	—	—	6	—	—	—	—	8	—	—	—	—
計	3,094	2,812	2,665	2,162	544	324	41	23	2,000	491	257	43	21	1,900	452	257	38	18

（出典）　Statistishes Bundesamt Wiesbaden, Ausgewählte Zahlen für die Rechtspflege, 1977～1979による。

全国社会福祉協議会養護施設協議会が一九七九年五月一日現在の全養護施設（五二八施設）の全児童（約三〇〇〇〇人）を対象として行った調査（回答施設四〇四、回答率七六・五％、以下第三調査と呼ぶ）を挙げることができる。

第一調査はこの種の調査の代表的なもので、多くの研究に引用されているので、詳細は省略するが、「虐待」とは「暴行等身体的危害あるいは長時間の絶食、拘禁等、生命に危険をおよぼすような行為がなされたと判断されたもの」と定義し、いわゆる身体的虐待に限定したものであり、対象は二六名、二四例と少ない（全調査対象を合計しても四〇一例にとどまる。**表5**参照）。これに対して第二調査では第一調査よりはやや多く「肉体的な危害を加えられたというケースがほとんどであるが、精神的苦痛を加えられたケースも多少含まれている」ややや広い「虐待」概念の下に、一二〇件が調査対象とされている。これに対して第三調査では、調査目的が「養護施設児童の人権に関する調査」にあったので、調査結果についても第一、第二調査とは比較しにくい点があるが、在籍児の人権侵害ケース調査結果は、**表3**のとおりである。このうち分類A、Bは、C以下とは内容を異にするので除外し、またHも行為の態様が漠然としすぎるので別論としても、結局、児童虐待の対象収容児は一四八八名にのぼり、調査例としては第一、第二調査にくらべて格段の多数となる。しかし、これもごく限られた養護施設内収容児に関するものであるから、氷山の一角にすぎない（しかし、昭和五七年版『青少年白書』三八一頁があげている青少年に対する人権侵犯事件数はもっとはるかに少なく、しかも親の子に対する虐待事件については数の明示がないだけでなく、筆者が関係機関に問い合わせても結局確認できなかった）と思われ

表３　養護施設児童の人権侵害ケース調査結果（1979年５月１日現在）

<table>
<tr><th>分類</th><th>人権侵害の事例</th><th colspan="2">該当家庭数</th><th colspan="2">対象児童数</th><th>児童総数／A</th><th>被侵害児／B</th></tr>
<tr><td>A</td><td>父又は母の直接的暴力、暴行等により家庭崩壊したケース</td><td>277</td><td rowspan="2">ケース
1,052</td><td>397</td><td rowspan="2">人
1,601</td><td rowspan="2">7.0％</td><td rowspan="2">21.4％</td></tr>
<tr><td>B</td><td>父又は母の暴力、暴行等に起因して離別、家出等により家庭崩壊したケース</td><td>775</td><td>1,204</td></tr>
<tr><td>C</td><td>父又は母の放任、過干渉等過度な状況により虐待されたケース</td><td>612</td><td rowspan="2">967</td><td>872</td><td rowspan="2">1,334</td><td>3.9％</td><td>11.7％</td></tr>
<tr><td>D</td><td>父又は母の精神障害、薬害等によって虐待されたケース</td><td>355</td><td>462</td><td>2.0％</td><td>6.2％</td></tr>
<tr><td>E</td><td>父又は母の性行為的暴行によって児童が被害者となったケース</td><td colspan="2">47</td><td colspan="2">56</td><td rowspan="3">0.7％</td><td rowspan="3">2.1％</td></tr>
<tr><td>F</td><td>養父母、継父母等による性行為的暴行によって児童が被害者となったケース</td><td colspan="2">34</td><td colspan="2">41</td></tr>
<tr><td>G</td><td>同居、同棲者等の第三者による性行為的暴行によって児童が被害者となったケース</td><td colspan="2">39</td><td colspan="2">57</td></tr>
<tr><td>H</td><td>その他、児童の人権が侵害されていると思われるケース</td><td colspan="2">1,076</td><td colspan="2">4,371</td><td>19.4％</td><td>58.6％</td></tr>
<tr><td></td><td>計</td><td colspan="2">3,215（18.9％）</td><td colspan="2">7,460　B</td><td>33.0％</td><td>100％</td></tr>
<tr><td></td><td>特に人権侵害がなかったもの</td><td colspan="2">13,798（81.1％）</td><td colspan="2">15,123</td><td>67％</td><td></td></tr>
<tr><td></td><td>合　　計</td><td colspan="2">17,013（100％）</td><td colspan="2">22,583　A</td><td>100％</td><td></td></tr>
</table>

（出典）　全国社会福祉協議会養護施設協議会編『親権と子どもの人権』p.293，1980による。

るので、わが国でも被虐待児数は相当数に上るものと考えなければならないであろう。

(3)　被虐待児に対する法的対応（概観）

とりあえず当該被害児を加害者である親、その他からひきはなす措置を担保する法的制度が考えられなければならない。しかし、それは虐待が行われたのちの事後処理にすぎず、子のしあわせのために十全の策とはいえない。より積極的な児童虐待の予防から、さらに子の福祉のために国自体がパレンス・パトリエ（国親思想）の観点から積極的に介入・援助し、児童の能力の開発と幸福獲得を担保する制度が考えられるべきであろう。また、この観点から、わが国における児童虐待に対する法制度の現状と不備が検討されなければならない。

石川稔教授は、児童虐待に対する法的対応として、刑法による対応、民法による対応、児童福祉法による対応に三分して論じている。一般に児童虐待は、事例報告に明らかなように、被虐待児の受けた心身の被害状況からみても、それ自体許しがたい行為である点で、異論なく当罰的なものであり、ストレートに刑法による対応に結びつきやすいが、刑罰は、しばしば指摘されるように、しょせん「最後の手段（ウルティマ・ラティオ）」にすぎない。被虐待児を保護する手だてとして現行民法の予定している制度は、単に、親らしからぬ親から親権を剝奪して、子をそのような親から引き離すことを可能にする親権喪失制度ぐらいであるが、これは、石川教授も指摘するように、単に事後処理的、補充的に機能するにすぎない。その意味では、わが国における児童虐待に対する防壁のかなめは、不十分ながらも児童福祉法に求められなければならないといえる。(補注2) そこで、本稿においては児童福祉法による対応を概観することからはじめたい。

（補注2）　現在では「児童虐待等の防止等に関する法律」（平成一二年法律八二号）が最も適切な対策を規定している。

(4)　被虐待児と児童福祉法

「すべての児童は、虐待、酷使、放任その他不当な取扱からまもられ」なければならない（児童憲章〔一九五一年〕第一〇一項）。児童福祉法（以下法、又は児福法と略称する）において、児童虐待に関連する規定としては、以下のものをあげることができる。まず法二五条は、要保護児発見者の通告義務を規定して「保護者のない児童又は保護者に監督させることが不適当であると認める児童を発見した者はこれを福祉事務所又は児童相談所に通告しなければならない」とし、さらにこれを受けて、二五条の二では上記通告を受けた福祉事務所長のとるべき措置を、また、二六条は、同じく児童相談所長のとるべき措置をそれぞれ規定している。児童虐待の場合は、一般の通知により、必要に応じて児童相談所長が一時保護を加え（三三条は、「児童相談所長は、必要があると認めるときは、第二六条第一項の措置をとるに至るまで、児童に一時保護を加え、又は適当な者に委託して、一時保護を加えることができる」と規定し（一項）、二項で都道府県知事は同じく二七条一項又は二項の措置をとるに至るまで、児童相談所長又は適当な者に一時保護を加えることを委託することができると規定している）、その上で児童相談所長の報告により、都道府県知事が二七条一項二号の指導措置または同項三号の定める里親への委託措置または養護施設などへの収容措置がとられることになる。ただし、この措置は親権者または後見人が反対する場合にはとることができないとされている（二七条四項）。もっとも、二八条により、保護者の児童虐待の場合は、児童の親権者または後見人の意に反するときでも、都道府県知事は家庭裁判所の承認を得て、上記の措置をとることができる（二八条一項一号）。その他、児福法は、児童の親権者が親権を濫用し又は著しく不行跡であるとき、または後見人に不正な行為、著しい不行跡その他後見の任務に適しない事由があるときは、民法八三四条、八四五条に定める者のほか、児童相談所長も親権喪失宣告の請求（三三条の五）または後見人解任の請求（三三条の七）を認め、さらに、児童保護のための禁止行為も列挙（三四条）するなどして児童虐待に対応している。これらの諸規定の問題点につき立ち入って詳論することは、前述（一―(1)）の理由および紙幅の関係からこれを差し控え、以下においては簡単に問題点を列挙するにとどめることとする。

(1) 第一に指摘されるのは、「通告義務」についてである。現行法は、立法過程では列挙されていた通告すべき要保護児童も、特定の通告義務者も列挙してはいない。要保護児発見者すべてを通告義務者としている。しかし、虐待ケースにおいては、とくに被虐待児を早期に保護する必要がある点からも、職務上虐待の事実を知りやすい立場にある教師、医師、保健婦、警察官など通告義務者を明記することが望まれている。[10] ただこの場合、他方では親権者などのプライバシーの保護や通告者の守秘義務違反（刑一三四条一項）の免責[11]などにも配慮する必要はあろう。

(2) 親が子を虐待しているときは、親権の濫用として親権喪失を請求することができる（民八三四条、家審九条）が、それはまさに伝家の宝刀であり、容易に抜くべきものではなく、容認例もきわめて少ない（**表4 a**、**b**参照）。現に被虐待児を収容している養護施設関係者や、被虐待児症例を扱う臨床医の間では、虐待親の親権者としての引取要求に対抗しうる方策として、せめて親権の一時停止または施設長の親権代行権（四七条一項）を親権を行う者のある場合にも認めうる措置を法定すべきだと主張されることがある。[12] しかし、この点については、親権者の委託による場合に監護教育権を代行できる（四七条二項）だけでなく、二八条により、親権者の意に反して家裁の承認を得て措置が行われた場合には、家裁のその措置承認審判により、親権者の監護教育権と懲戒権は停止されたものと解

表4a　親権または管理権の喪失の宣告およびその取消し

	新受	既済	うち 認容	うち 取下げ	未済
昭和40年	136	125	31	90	78
45	89	80	6	64	70
50	102	78	17	57	73
51	97	99	10	74	71
52	85	106	14	87	50
53	94	100	18	74	44
54	96	87	10	73	53
55	82	86	12	65	49
56	87	87	13	68	49

（出典）　司法統計年報3家事編による。

表4b　児童福祉法28条の事件

	新受	既済	うち 認容	うち 取下げ	未済
昭和40年	9	4	2	2	7
45	5	5	2	3	4
50	22	24	14	8	10
51	15	19	8	11	6
52	20	23	13	10	3
53	25	24	16	6	4
54	28	20	14	3	12
55	14	17	12	4	9
56	11	11	4	5	9

（出典）　司法統計年報3家事編による。

すべきであるから、親権者といえども、この措置継続中は子の引取りを要求できない。かりに、当初は親権者の同意を得て措置をとったところ、措置継続中に親権者が子の引取りを要求してきても、それが虐待の再発のおそれがあるようなときは、家裁の承認を得て、なお措置を継続することはできると解すべきであろう（石川・前掲論文三二五頁参照）。後者については、緊急の場合の対応が十分可能かについて疑念は残る（表4a、bにおける未済件数の多いことを参照されたい）が、従来の児福法の解釈としては、この点についての理解が不十分であったため、現場の混乱もあったように思われる。

児福法における被虐待児への対応については他にも種々論ずべき点は多いが、石川論文にほぼ網羅されているので、ここでは割愛することとする。

(5)　被虐待児と民法

民法と被虐待児との関連は、何といっても親権喪失請求に関する八三四条が最も直接的なものであろう。前掲第一調査によれば（総数がわずか二六人であるから、このパーセンテージを過大に評価することは慎まなければならないが）、虐待親の九二・四％（二四人）が何らかの心身障害などありとされ、加害者に問題があることがわかる（表5参照）。その意味で、被虐待児の診察などとあわせて、問題のある親の診断・治療の機会に児童虐待の端緒をつかむことも可能と思われる。その意味でも医療関係者の通告義務の明確化と、米国にみられるような善意通報の免責保障制度の確立が望まれる。

しかし、他方、虐待親は相当数に上るものと見こまれるにもかかわらず、司法統計年報によって知りうる親権（又は管理権）の喪失の宣告は、表4aに明らかなように毎年一〇例余にすぎず、児福法二八条の事件も表4bの示すようにおおむね一桁にすぎない。これを表3の人権侵害対象児の数と比較すると、いかにその数が少ないかがわかる。前述のように親権喪失宣告は、単に事後処理的に機能

表5　児童（3歳未満）の虐待・遺棄・殺害事例における加害者の心身の状況

		総　数	心身障害などあり	特になし	不　明
虐　待		26〔24〕(100.0)	24 (92.4)	1 (3.8)	1 (3.8)
遺　棄		139〔126〕(100.0)	27 (19.4)	43 (30.9)	69 (49.7)
殺害事件	殺害遺棄	137〔135〕(100.0)	9 (6.6)	31 (22.6)	97 (70.8)
	殺　害	54〔51〕(100.0)	20 (37.0)	30 (55.6)	4 (7.4)
	心　中	67〔65〕(100.0)	45 (67.2)	12 (17.9)	10 (14.9)
合　計		423〔401〕(100.0)	125 (29.6)	117 (27.7)	181 (42.7)

（注）　総件数は401件であるが，実父，実母がともに加害者となっているケースが22件あるため，総数は423人となっている。表中総数の〔　〕内数は件数をあらわす（厚生省児童家庭局『児童の虐待・遺棄・殺害事件に関する調査結果について』4頁，1974，による）。

するにすぎない伝家の宝刀であるから、慎重に扱われねばならないとしても、無惨な虐待の情況から子を引き離す防壁として、児福法二八条の措置承認審判制度ともども、より活用されてしかるべきものと思われる。

(6)　被虐待児と刑法

児童に対する暴力の極は、殺人、傷害致死であり、それらはそれぞれ殺人罪、傷害致死罪としてとり扱われることになる（ただし、本稿では「子殺し」については省略）。それ以前の、親の子に対する親権・監護権の濫用、侵害という形で問題とされるべき犯罪態様は、端的には扶養・教育・保護・監督義務の懈怠とか、狭義の児童虐待、児童の性的暴行などが考えられる。立法例としては、わが国のように生命・身体に対する高度の危険を内容とする保護責任者遺棄罪（刑二一八条）を規定するだけでなく、身体に対する罪としての児童虐待、さらには扶養義務・養護・教育・監督義務の懈怠をも独立の犯罪とし、しかも後者は、多くは家族・家庭に対する罪の中に位置づけるものがふえてきている（たとえば、西独刑法二二三条b、一七〇条b、アメリカ模範刑法典二三〇・四条、二三〇・五条、スイス刑法二一七条、デンマーク刑法二一三条、オーストリア刑法九二条、九三条、一九八条、一九九条など）。

なお、前述のように児童虐待の中には性的暴行も含まれるが、それに対応するものとして「児童の性的濫用」、「近親相姦」を規定している立法例が多い。しかし、わが国の現行刑法には「児童虐待」の規定はなく、性的暴行に関するものも、強姦罪（刑一七七条）と強制わいせつ罪（刑一七六条）を規定するのみである。わが国の刑法は、その意味では児童虐待への対応が不十分であると言えなくもない。反面、わが刑法はきわめて謙抑的だと評価することもできる。西ドイツのように子どもに対する犯罪だけをまとめて表示することがかつて行われたことがないのも、上記のように児童虐待の実態をとらえがたい法制度によるところが大であるといえよう。近親相姦については、律令以来、わが国でも「親属相姦」として規定していたが、旧刑法（明治一三年）制定にあたって、その草案をつくったボワソナードが、この種のことはモラルに委ねるべきで、刑罰をもって臨むべきではないと強く主張して規定しないことにして以来、現行法（明治四〇年法四五号）もこれを規定しなかったものである。[13]

刑罰は法的制裁として最後の手段であり、まして、児童虐待ケースにおいては、正当にも指摘されているように「親に刑罰を科することによっては、家庭を崩壊させることはあっても、親子関係を修復することはまずありえない[14]」。ただ、常識では理解できないような児童虐待事例を考えると、最悪の場合には、刑事手続きを開始することによって、少なくとも一時的にせよ虐待を加える親から子を引き離し、一定の措置を講じる余裕を見出すことができるのではないかという淡い期待が考えられなくもない。

また、児福法三四条は、禁止行為を列挙し、その違反に対しては罰則が規定されている（法六〇条）。そのうち「児童に淫行をさせる行為」（一項六号）には、他人を教唆して児童をして自己を相手方として淫行をさせる場合は別として、自ら直接児童の淫行の相手方となる場合を含まないとするのが判例（たとえば、札幌家判昭四一・九・二〇、家裁月報一九・八・一六八、東京高判昭五〇・三・一〇、家裁月報二七・一二・七六など）・通説[15]であるため、判断力のない児童を性的に濫用する（性的暴行）親その他の成人には罰則（一〇年以下の懲役又は五〇万円以下の罰金とかなり重い）の適用はない。成人間の任意の性行為に国家刑罰権の介入の必要はないが、被害児が幼い時は、そのような性体験が後の非行——家出、売春その他転落の動機となることが多いだけに問題視される。しかし、さりとてその間隙を埋めるかのように各地方自治体ごとにまちまちな青少年（保護）育成条例で、罰金から懲役二年までの罰則を規定しているのは、法令の目的・機能が異なるとはいえ、法の下の平等の観点から、かなり問題がある。

おわりに

被虐待児に対する法の対応としては、刑法、民法、児福法があるが、そのうち、前二者は、いわば事後処理的に機能するにすぎず、これに児童虐待予防の機能を期待することはあまりないのに対し、児福法は被虐待児への対応はいずれにせよ虐待の事実の発見を契機とするとはいえ、単なる事後処理にとどまらず児童の福祉のための国家的介入・援助を積極的に保障し、虐待が再発しないような対応をしようとするものである。ただ、現在のところ、その解釈・適用は必ずしも確立されているとはいいがたい状態にある。さらに、症例報告を通じて、これらの法を基礎とする被虐待児対策は、虐待親の移転などにより中断されることが多いことが問題のように思われる。それは、児童相談所や養護施設相互間の連携の充実など行政レベルでの対策の再検討を必要とすることを示唆する。同時に児童虐待の事実をキャッチしやすい小児科、精神科医療関係者による適切な治療および通告は、被虐待児を早期に保護し、被害を排除する必要上、遅滞なく行われることが望ましく、これを担保する法整備と医療関係者の積極的な協力とが望まれる。

[注および参考文献]

（1） わが国における数少ない調査報告としては、本文に指摘の第一ないし第三調査があり、症例報告としては、二症例を報告した新田康郎・藤井肇・臼井明包「被虐待児症候群について」日本医事新報二五六七号七頁以下（一九七三）、池田由子「児童虐待の病理と臨床」（一九七九）（三二事例とその解説）、折檻死剖検例九例を報告した内森道輿「幼児虐待（Child Abuse）の研究」犯罪誌四七巻五〜六号二〇七頁（一九八一）など。

（2） たとえば、最近の Trube-Becker, Elisabeth., Gewalt gegen das Kind.（1982）は、三四四にのぼる参考文献をあげていることからもその一端をうかがうことができる。

（3） 米国のコロラド大学医学部小児科教授 C. H. Kempe は、一九六一年、米国小児科学会で児童虐待のシンポジウムを開き、そこで Batterd Child Syndrome という概念を提唱し、その後この言葉が多く用いられるようになったという（Kempe, C. H., et al, JAMA, 181 : 17, 1962.）。わが国では「被虐待児症候群」と訳すのが一般であるが、ときに「せっかん児症候群」とも呼ばれる（稲村博）。

（4） Kempe, Rath S. & Kempe, C. H. : Child Abuse. 1978.（ただし、ここでは Höpfner, T. M. による独訳版 Kindesmißhandlung. 1980, S. 15.）。

（5） ここに用いられている der sexuelle Mißbrauch という語は、一般に「性的濫用」と訳されているが、適訳とは思われないので、かりに「性的暴行」とわが国の一般用語法を用いた。

（6） Becker（注2）の前掲書。ただし、米国の一九七四年の Child Abuse Prevention and Treatment Act の Child Abuse および Neglect の定義には、殺人は含まれない。

（7） 全国里親会『里親だより』二一：七。

（8） Becker の前掲書（注2）裏表紙参照。

（9） 石川稔『児童虐待』現代家族法大系三巻、一九七三、三三一頁の注（48）、三三二頁の注（55）参照。

(10)　全社協全養協編『親権と子どもの人権』（一九八〇）一四二頁、石川・前掲（前注1）論文三三二頁参照。
(11)　石川・前掲（前注6）論文三三一頁の注（50）、三三二頁の注（51）参照。
(12)　村岡末広「児童の人権擁護のための提言」『親権と子どもの人権』（前注1）所収一三二頁以下。なお、池田・前掲書（前注1）一〇二頁も親権の強さにふれている。
(13)　日本刑法草案会議筆記（早大本）第Ⅲ分冊、影印版（一九七七）二〇三一頁参照。
(14)　石川・前掲（前注9）論文三一七頁および三二九頁（注24）参照。
(15)　高田浩運『児童福祉法の解説』二三二頁、一九五七。木宮高彦『特別刑法詳解』第二巻一八一頁、一九六二。内田文昭『研修』三八四：一〇、一九八〇、など。ただし、反対、小泉祐康「児童福祉法（その二）」『研修』二五二：一〇五〇、一九六九、亀山継夫「児童に淫行をさせる罪」藤永・河上・亀山編『刑法判例研究』一九八一、四七九頁以下。

5

児童虐待と刑事規制の限界

『団藤先生古稀祝賀記念論文集』第三巻（有斐閣、一九八四年）所収

本稿においてとり扱おうとしている児童虐待に関する研究は、わが国では近々一九七〇年以降本格的に展開されるに至った（但し、小児・精神・法医など主として医学分野で）いわば若い研究である。しかしながら、短期間に急速に展開された児童虐待の研究により、その実態が明らかになるにつれて、これに対する適当な法的対応に迫られるものがあるように思われる。(補注1)

本論文集の献呈を受けられる、私が最も畏敬する団藤重光博士には、児童虐待を直接テーマとされたものは見当らないようである。しかし、博士の「人間の尊厳性、その奥にある人格の主体性といったものは、いくら強調してもしすぎることはない」（『刑法綱要』総論改訂版のはしがき）とされる基本的な理論上の立場、高邁な識見からは、おそらく「児童虐待」は存在してはならない病的行為であり、その予防措置は真剣にとり組まれるべきものと考えられるのではなかろうか。

森田宗一元判事との共著『少年法』に一貫して示された少年に対する暖かい配慮とその健全育成への熱い期待は、これを妨害し、少年の心身を蝕む成人の行為の実態がもっと早く明らかにされていたならば、必ずや成人の刑事事件の章でとり上げられたに違いないのである。もっとも、アメリカの立法に見られるように虐待事実の通報を義務づけると、時として親のプライバシーを侵すことになりかねず、刑法的対応には自ら制約を受けるべきものがあろう。刑事規制の限界については、謙抑的でなければならないのは、いうまでもないが、被害者が成人の場合と子どもの場合の両者について、ひとしくとり扱うべきかどうかについてあらためて考えてみる必要はないだろうか。本稿は、これまで刑事法の領域ではあまり論じられることのなかった児童虐待のわが国における実態を、他の研究領域で実施された諸調査によって明らかにすることによって、従来の刑事立法に際してこれまで欠落していたと思われる子どもの人権の保障——単なる保護の客体としてではなく、主体的な人権の保障——の視座から立法すべき必要があることおよび刑事規制の限界についてあらためて再考すべき余地のあることを主張し、(補注2)博士の一層の御健勝と斯界でのご活躍を祈念すると共に、拙稿に対する厳正な御批判と御叱正を仰ぐものである。

(補注1) 現在では「児童虐待の防止等に関する法律」(平成一二年法律八二号)が制定されて、法的対応が図られている。

(補注2) さらに、いわゆるドメスティック・バイオレンス法(配偶者からの暴力の防止および被害者の保護に関する法律)も児童ポルノに係る行為等の処罰及び保護に関する法律(平成一一年法律五二号)も児童虐待に関する法規制である。

一 はじめに

少年少女をめぐる問題としては、最近ではとくに非行の増加と非行内容の質的変容、たとえば家内暴力、学校内暴力、覚せい剤汚染などがマスコミでとりあげられ、社会問題化している。昨一九八三年をふりかえってみても、二月に問題化した横浜の中学生たちの遊びとしての浮浪者殺し、町田市の忠生中学の教師による生徒刺傷事件から明らかになった同校の校内暴力、テレビでも放映された「積木くずし」に描かれた少女非行など、そのいずれか一つだけでもおとなに衝撃を与えるのに充分であり、それだけに社会的に大々的にとりあげられてもいる。そこに登場してくる子どもたちは、非行の主役であるか、少なくとも脇役であって、被害者ではない。

これに対して、子どもは、本来、どうしてもおとなの保護に頼らざるを得ない弱い立場にあるので、古来、子おろし、間引き、子捨て、身売り、子殺しなど、さまざまな犯罪の被害者とされ、その人権は無視されて来たといってよい。わが国では七歳までの子は「神のうち」といわれ、独立一個の人間としては扱われず、「間引き」が認められたばかりでなく、それが東洋の古法にも検証される。[1]東洋だけではなく、西欧でも、キリスト教徒の皇帝が出現するまでは、ギリシャ・ローマ時代、子殺しは禁止されていなかった。ローマの十二表法では、障害をもつ子はむしろ生育を禁止され、子殺しが原則的に禁止されるようになったのちも、おおむね三歳まで、とくに障害者と女児の殺害は容認されていたという。[2]まさに「子供の歴史は、われわれが、それから漸く目覚めたばかりの悪夢である」。[3]メインは、法の発達の過程を「身分から契約へ」というスローガンであらわしたが、子どもの保護の視点からいえば、現代法の展開は、「子どもの人権無視から子ども（さらには胎児を含めて）の人権の保障・福祉の確保へ」と特色づけることができよう。

児童虐待に関する特別な法規定を有する欧米諸国においては、かなり古くから児童虐待に関する研究が発表されて来たが、とりわけ周知のように、一九六一年秋のアメリカ合衆国小児科学会における児童虐待に関するシンポジウムで、コロラド大学医学部小児科教授のケンプ（C. H. Kempe）が“the Battered-Child Syndrome”(4)という概念を提唱してから、この言葉が多用されるようになり、爾来約四半世紀の間に、欧米では、とくに臨床医学の分野で、数多くの研究成果が報告され、また、法や社会学の分野でもいろいろ注目に値する研究や報告が出されている。(5) わが国でケンプらの研究が紹介され出したのは、一九七〇年ころからであり、小児科・精神科・法医学関係の研究・調査・報告が目立って多くなって来た。一九七九年の国連の国際児童年は、子どもの人権を見直すのに恰好のインパクトを与えたともいえる。筆者は、ほぼ一〇年前、ジュリストの「子どもの権利」特集号（ジュリスト五四〇号、一九七三年八月号）に「幼児殺傷・遺棄」というテーマを与えられたが、外国の文献は別として、「児童虐待」を犯罪類型として規定していないこと、欧米に比べて児童虐待が社会問題として意識されていないこともあって、殆ど参照すべき研究成果を明らかにすることができなかった。しかし、わが国でもケンプの研究をふまえて臨床家の間ではすでに一九七一年に埼玉県小児保健センターの佐竹良夫医師が、一九六九年一月から一九七〇年八月までの朝日新聞縮刷版から“Battered-Child Syndrome”にあたると思われる八事例を拾い、その臨床像およびその社会的背景を論じたの(6)をはじめとして、前掲拙稿と同じ一九七三年には広島大学医学部小児科教室の新田康郎＝藤井肇＝臼井朋包《ともふさ》が“the Battered-Child Syndrome”に「被虐待児症候群」という訳語(7)を付して、わが国における最初の症例報告として、二症例を紹介している(8)ことを知った。さらに前記拙稿ののち、一九七四年には、厚生省の児童家庭局による「児童の虐待・遺棄・殺害に関する調査結果について」の報告もあり、児童虐待に関する研究・調査は急速に進展を見た。[9] 法学者によるものとしては、石川稔教授が綜合的で丹念な研究を発表されているほか[10]、最近、米倉明教授[11]によるアメリカにおける子どもの虐待に関する報告など[12]貴重な文献を数えるに至った。筆者も最近、「被虐待児と法律」というテーマで、臨床医学関係誌に解説ふうのものを執筆したが[13]、その後、さらに法医学雑誌に報告された被虐待児の司法解剖例調査報告、同集録[14]ならびに若干の新文献に接し得た。これら新資料に基づき、さらには前掲石川、米倉、ならびに浅見教授らの論稿が、民事法専攻の立場からのアプローチであることを考慮に入れて、本稿ではとくに「刑法による児童虐待への対応」に焦点を絞り、児童の人権保障のための刑事法の介入の要否、つまりこの領域における刑事規制の限界を考えてみることにした。

(1) 出生児が身体障害者であった場合に、これを殺害しても処罰されないことを認めたものとしては「擅殺子、黥為城旦舂、其子新生而有怪物其身及不全而殺之、勿罪」(「法律問答」七〇)をあげることができる。また、最近の中国では、いわゆる一人っ子政策をすすめているところから、とくに農村地帯での女児の殺害の多いことが人民日報その他で報道されているが、すでに秦の始皇帝時代に同趣旨の記載がある。すなわち「且父母之於子也、産男則相賀、産女則殺之」(「韓非子」六反)と。

(2) Zenz, Gisela, Kindesmißhandlung und Kindesrechte, 1981, S. 21. なお、児童虐待のごく簡単な歴史については、vgl., Schaible Fink, Beate, Das Delikt der körperlichen Kindesmißhandlung, 1968, S. 1.

(3) DeMause, Lloyd, The Evolution of Childhood, In: DeMause, L. (ed.), The History of Childhood, 1974, p. 1.

(4) しかし、研究報告は翌一九六二年に発表されている。Kempe, C. Henry, Silverman, F. N., Steele, B. F., Droegemueller, W., Silver, H. K., The Battered-Child Syndrome, JAMA Vol. 181, No. 1, pp. 17-24 (1962).

"The Battered-Child Syndrome" は、独訳では "das Syndrom der Kindesmißhandlung"（「児童虐待症候群」）と訳されているのに対し、わが国では「被虐待児症候群」と訳すのが一応の定訳となっている。しかし、ときに「せっかん児症候群」（稲村博）とも「小児虐待シンドローム」（森俊一郎）とも呼ばれる（後注（7）参照）。

（5） 本題に関連の論文・著書に列挙された夥しい文献の数がこれを物語っている。たとえば、後にしばしば引用するごく最近の Zenz, Gisela, Kindesmißhandlung und Kindesrechte, Erfahrungswissen, Normstruktur und Entscheidungsrationalität, 1982 は五〇四にのぼる文献目録をかかげ、Trube-Becker の最新の著書である Gewalt gegen das Kind, Vernachlässigung, Mißhandlung, sexueller Mißbrauch und Tötung von Kindern, 1982 も三四四の文献を掲げている。一九六〇年代、七〇年代の文献引用に比べてその増加が顕著であることが注目される。その他の最近の文献については、本稿末尾後注 a 参照。

（6） 佐竹良夫「小児の虐待——Battered-Child Syndrome」小児科診療三四巻二号八九—九三頁（一九七一年）。ここでは "Battered-Child Syndrome" は原語のまま使用されており、まだ「被虐待児症候群」という訳語は付されていない。

（7） 前注（4）に指摘したように、今日ではこの「被虐待児症候群」という訳が定訳となった感があるが、稲村博教授は、"Battered-Child Syndrome" に「せっかん児症候群」という訳語をあてており（稲村博「子殺しの精神病理、せっかん殺」中外医薬二七巻四号一四頁〔一九七四年〕、のちに稲村『子殺し——その精神病理』二四頁〔一九七八年〕）、さらに「小児虐待シンドローム」の訳語を用いる例もある。すなわち、森俊一郎氏は Helfer R. E., & Kempe H., 編の The Battered-Child (1974) 所収の Radbill, S. X., A History of Child Abuse and Infanticide（「西洋における小児虐待史」）の翻訳の中でこの語を用いている（現代のエスプリ一六六号「家庭と暴力」五六頁）。

（8） 新田＝藤井＝臼井「被虐待児症候群について」日本医事新報二五六九号七頁以下（一九七三年）。

(9)　同じく一九七四年には小児科医の研究発表が相次いだ。たとえば、東京都立府中療育センター副院長長畑正道博士の論説「被虐待児症候群――Battered-Child Syndrome」日本小児科学会誌七八巻六号三〇九～三一二頁、日本医大小児科学講師橋本清「被虐待児症候群」小児科一五巻一〇号八三一～八三七頁（一九七四年）。少し遅れて西岡和男「小児虐待」小児保健研究二九三五巻四号二一七～二二五頁（一九七七年）、村田豊久「被虐待児症候群」教育と医学二五巻四号四～九頁（一九七七年）、さらに精神医学の領域から栗栖瑛子「子どもの養育に関する社会病理学的考察」ジュリスト五七七号一二一～一二七頁（一九七四年）。その後とくに一九七七年以降精神医学の領域では池田由子博士の一連の研究が注目される。たとえば、池田「児童虐待の問題について――精神衛生と福祉の立場から」精神医学一九巻九号九〇〇～九一六頁（一九七七年）、同「虐待された子」『児童精神衛生相談の実際――問題児と家族の事例研究』（一九七七年）、同「児童精神衛生における最近の問題について」社会精神医学一巻二号一二五～一三二頁（一九七八年）、池田由子＝成田年重「児童虐待の処遇上の問題点について」精神衛生研究二六号一～八頁（一九七九年）、池田『児童虐待の病理と臨床』（一九七九年）。その他、福島章＝金原寿美子「幼児虐待と死の本能」季刊精神療法五巻一号四〇～四七頁（一九七九年）。なお、ごく最近のものについては、後注（13）、法医学者の研究については、後注（14）参照。

(10)　石川稔「児童虐待」現代家族法大系三巻三〇五～三四〇頁（一九七九年）参照。

(11)　米倉明「子どもの虐待」月刊法学教室一〇号一一九～一二八頁、同一一号一一四～一二二頁（一九八一年）（のちに、同『アメリカの家族』二五五～三〇一頁〔一九八二年〕。以下においては後者を引用する）。

(12)　野田愛子「子の福祉をめぐる諸問題」ケース研究一八二号四四～六四頁、とくに五二頁（一九八一年）、座談会「親による子の虐待事件をめぐって――その実例・背景・対策」ケース研究一八七号一二～三二頁（一九八一年）。この座談会は、静岡地裁ほかで虐待致死として昭和五五・五六年に有罪判決が言い渡された三事例――継父の妻の連れ子虐待致死〔懲役六年〕、養母による養女せっかん致死〔懲役三年、保護観察付執行猶予五年〕、実父による障害児（女）虐待致死〔懲役七年〕――を資料として野田愛子所長をはじめ静岡家裁の裁判官・調停委員・調査官のほか医師、児童相談所措置係長ら一三名が出席して静岡家裁で行われたもので、種々重要な分析・指摘があり、「親ほど恐ろしいものはない」「虫のように殺されている子どもたち」「親が、自分の楽しみのようにいじめ殺している」などショッキングな発言がある。後注（14）にあげられている解剖事例とは別に、刑事事件として有罪判決の結果まで明記されている点でも、事例は少ないが注目される。ほかに我妻洋「現代アメリカ社会の病理――児童虐待の例にみる」サイコロジー一巻五号五四～五八頁（一九八〇年）、同「アメリカの近親相姦」サイコロジー二巻一〇号三八～四六頁（一九八一年）、中村好子「子の虐待――子どもと法律」法学セミナー二六巻六号五〇～五二頁（一九八二年）、さらには浅見公子「アメリカにおける子どもの虐待・遺棄の事例」成城法学一二号一〇三～一二六頁（一九八二年）などがある。

（13）　中谷「被虐待児と法律」小児看護六巻六号（通巻六三号）七三五～七四三頁（一九八三年）。なお、同誌は「被虐待児症候群」特集号で、中谷・上記のほか以下の各論稿を収め、重要である。①家常恵「被虐待児の現況とその問題点」、②池田由子「被虐待児の診断と治療をめぐって」、③石川知子「被虐待児の家族的社会的背景」、④西川祐一「親の性的暴行」、⑤池田由子「児童虐待をめぐる海外の状況について」および八篇の症例報告がそれである。なお、本稿を印刷に付した後に出版された池田由子編・現代のエスプリ二〇六号「被虐待児症候群」（一九八四年）も参照。

（14）　日本法医学会では、昭和三八年度以降「課題調査」活動を行って来たが、昭和四三年以降昭和五一年まで一旦中断したのち、昭和五一年一〇月、課題調査を復活させることとし、復活第一回の調査課題を四題決定したが、その第一が被虐待児の司法解剖例調査であった。この調査に関しては、その総括的な調査報告が出る前に、まず、神戸大学医学部法医学教室のメンバーである龍野嘉紹＝井尻巖＝藤田徳雄＝溝井泰彦による「被虐待児（Battered Child）の司法解剖例の検討」日本法医学雑誌（以下日法医誌と略記する）三二巻一号三〇～三八頁（一九七八年）が発表され、次いで、総括的な調査報告として、まず、神田瑞穂（課題調査委員長）「日本法医学会課題調査報告（Ⅵ）、被虐待児の司法解剖例調査……（以下省略）」日法医誌三四巻三号一四七～一五七頁（一九八〇年）が発表されたのち、その全事例（一八五例）の集録も公表された（日本法医学会課題調査委員会「日本法医学会課題調査報告（Ⅶ）・被虐待児の司法解剖例集録」日法医誌三六巻五号七六八～七九〇頁（一九八二年））。法医学領域では、この課題調査を契機として、さらに次のような研究が見られる。内藤道興「幼児虐待（Child Abuse）の研究」犯罪学雑誌（以下犯罪誌）四七巻五＝六号二〇七～二二三頁（一九八一年）、黒田曜子「被虐待児屍の解剖所見について」日法医誌三五巻六号四一六～四二一頁（一九八一年）など。

（補注1）　現在では「児童虐待の防止等に関する法律」（平成一二年法律八二号）が制定されて、法的対応が図られている。

（補注2）　さらに、いわゆるドメスティック・バイオレンス法（配偶者からの暴力の防止および被害者の保護に関する法律）も児童ポルノに係る行為等の処罰及び保護に関する法律（平成一一年法律五二号）も児童虐待に関する法規制である。

二　児童虐待の意義

(1)　児童「虐待」の意義

ケンプは、「虐待」を、①物理的力の行使（＝刑法上の「暴行」。注・筆者）、②身体的・情緒的放任、③情緒的虐待（＝精神的虐待。注・筆者）、④性的利用 sexual exploitation（性的虐待。近親相姦、性的いたずら、強姦のような行為による未成熟な子どもの利用）の四つのカテゴリーに分け[15]、また被虐待児症候群については「被虐待児症候群 the battered-child syndrome すなわち重大な身体的虐待を受けた小児の臨床所見は、しばしば永久的障害または死の原因である。骨折、硬膜下出血、栄養失調、軟組織の腫脹または皮膚の打撲傷の形跡を明示している子どもや、突然死した子どもの場合、または傷害（injury）の程度とタイプが、外傷の発生に関して述べられた病歴と一致しないときは、本症候群が考えられるべきである」としている[16]。これに対して前記厚生省児童家庭局の調査報告（一九七四年）では、『虐待』とは、暴行等身体的危害あるいは長時間の絶食、拘禁等、生命に危険をおよぼすような行為がなされたと判断されたものをいう」と定義し、また最近前出のトルーベ・ベッカー（E. Trube-

Becker）は、『子どもに対する暴力――子どもの放置、虐待、性的濫用（性的虐待、実質はわが刑法の強姦・強制猥褻にあたる―筆者注）および殺害』という著書の中で、「児童虐待は、すべての場合において、両親またはその他の教育権者の権威的な力の濫用である」と定義している。[17] このような臨床医学的な児童虐待の定義に対して、児童虐待の法的構成としては、たとえば西ドイツの「保護を命ぜられた者に対する虐待」（この中に児童虐待も含まれている）を規定する刑法二二三条bは、「虐待（Mißhandlung）」にあたる行為として「折檻《せっかん》（quälen）」、「虐待（roh mißhandeln）」、これらの者（＝保護を命じられた者等）のために配慮すべき義務を「悪意で懈怠すること（böswillige Vernachlässigung）」をあげている。これとほぼ同旨のオーストリア刑法九二条は、「肉体的または精神的な苦痛（Quälen）を与える」ことと規定し（刑は二年以下の自由刑）、あわせてその結果的加重犯としての虐待致死傷（同条三項。刑は基本的には三年以下の自由刑であるが、重傷害の場合は五年以下、致死の場合は一年以上一〇年以下の自由刑と加重される）を規定している。[18] また、最も事例報告が多く、研究も進んでいると見られる米国でも、一九七四年の連邦「児童虐待の予防と治療に関する法律（Child Abuse Prevention and Treatment Act, USCA 42 § 5101 et seq. Pub. L. 93-247, § 3, Jan. 31, 1974, 88 Stat. 5）」によれば、『児童虐待（child abuse）および放任（neglect）』とは、国務長官によって規定された法規に従って決定されたような方法で子の健康または福祉が侵害され、または脅かされていることを示す情況の下で、子どもの福祉に責任ある者による、一八歳未満の子の身体的または精神的傷害、性的虐待、治療の懈怠または虐待（maltreatment）を意味する」と定義され、また、イリノイ州の児童虐待および放任通報法（The Abused and Neglected Child Reporting Act）は、「虐待とは、子の健康または福祉に責任ある者によって、偶発的方法以外の方法によって子に加えられた、身体的傷害、性的虐待、または精神的傷害をいう」と規定し[19]、ネブラスカ州の制定法は「放任された子」（a neglected child）とは「生命または身体に危険な状況、または、健康あるいは風儀に有害な状況にある子ども」であるとしている[20]。

右のような立法例に対して、わが国の現行刑法にはこの種の規定は存在しない（前掲補注（1）（2）参照）。また、西ドイツの司法統計に見られるように（後掲表2参照）、子どもに対する犯罪を一つのグループとして計上する試みもなされていない。児童虐待行為は、すべて通常の暴行罪（刑二〇八）、脅迫罪（刑二二二）、傷害・傷害致死罪（刑二〇四・二〇五）ないし遺棄罪（刑二一七以下、とくに二一八）の中に包含されることになるから、全国的に児童虐待の実態を知り、または統計数値を明認することができないだけではなく、法的概念としての「虐待」を論じることはできない。しかし、実態を知るうえで全く手がかりがないわけではなく[21]、児童「虐待」にいわゆる「虐待」とは、日常用語的には「むごく取り扱うこと」であり、「せっかん（折檻[22]）」とは、「せめさいなむこと」を意味するので[23]あるが、より専門的な概念としては、前掲諸研究、とりわけケンプやトルーベ・ベッカーの所説を参照して、「物理的な力の行使としての暴行（その結果的加重犯としての傷害・傷害致死）、精神的な暴行ないし放置による傷害、性的虐待としての強姦・強制わいせつ、父娘または母子相姦、そして最後に暴行の極としての子殺し（嬰児殺、親子心中を含む）を総括する」ものと一応概念規定することが出来る。厳密には、殺人は単なる「虐待」をこえるものとして「虐待」概念には含まれないが、強度の暴行の行使に際しては、死の結果に対する未必的故意が認められる場合と結果的加重犯としての傷害致死罪とを厳密に区別することは困難であり、殺害は、前述のように暴行の極ともいえるので、広義では、子殺しをも含むものとして児童「虐待」を位置づけることもあながち不当ではないであろう。[24]

(15) Kempe, R. S., & Kempe, C. Henry: Child Abuse, 1978, pp. 15-16.（なお、本書には、Höpfner, T. M. による独訳版 Kindesmißhandlung, 1980 がある）。

(16) Kempe, C. H., Silverman, F. N., Steele, B. F., Droegemuller, W., & Silver, H. K.: The Battered-Child Syndrome, JAMA Vol. 181, No. 1, p. 17 (1962).

(17) "Sexueller Mißbrauch" という原語は、わが国では一般に、文字通り「性的濫用」と訳すのが定訳となっているが、日常の語感として必ずしも適当ではなく、もともと "Mißbrauch" の語義の中には「強姦」という意味もある。実態は、しかし「強姦」だけではやや狭く、その専門用語である Notzucht をさけてこの用語を用いていることを考えると、いわゆる sexual abuse（性的虐待）に近く、実質的にはわが刑法に規定する強姦・強制わいせつにあたるとしてよいであろう。この用語について、私は、前掲拙稿（注（13））では「性的暴行」としたが、必ずしも暴行を用いる場合だけではないこと、反面わが刑法一七六条・一七七条では、客体が一三歳未満の者の場合は同意の有無にかかわらず犯罪が成立するものとされているので「性的暴行」という表現は本文のように改めることとした。

(18) Trube-Beckey, a. a. O.（注（5））S. 12.

(19) 米倉教授によると、この種の通報法はマサチューセッツ州にもあるよしである。それは、マサチューセッツ州の一九七三年の Public Welfare 法 Chapter 119, §§ 51A～51G であるとのことであるが、この法律には前記連邦法やイリノイ州法に見られるような虐待・放任についての定義は置かれていないようである（米倉（注（11））

『アメリカの家族』二八二〜二八三頁参照)。

(20) 浅見・前掲論文(注(12))一一一頁による。もっとも、同教授は"a neglected child"を「遺棄された子ども」(傍点筆者)と訳しておられる。つまり「ネグレクト」は「無視」、「遺棄」、「放任」と三通りに訳され、それぞれニュアンスを異にするが、本稿では一応「放任」に統一した。

(21) 前掲拙稿では、後掲の厚生省調査(一九七四年)、大阪児童相談所(以下大阪児相と略称する)調査(一九七六年)、全養協調査(一九七九年)を手がかりとして論じたが、その後に日法医会調査結果(注(14))と東京都児童相談所(以下東京児相と略称する)の調査(一九七五〜一九八一年)(その一部は前掲石川知子論文(注(13))その他に報告されている。詳細は、後述三(2)①参照)を知った。さらに、厚生省では池田由子博士を主任研究員とする研究班(研究協力者として田村健二東洋大教授)が一九八三年から八四年にかけて全国規模で児童虐待の調査を行っているとのことで、今年中にはその調査報告書が発表されるものと思われるが、これは厚生省の前回の調査の丁度一〇年後の調査であり、それとの比較の点でも、またその一〇年間のこのテーマに関するわが国での研究の成果を踏まえた調査としても、その成果が期待されるところである。

(22) 漢書朱雲伝によれば、この語は、漢の成帝が、朱雲の諫めを怒って、殿上から引きずり降ろそうとしたところ、朱雲が手すり(檻)につかまり、それが折れたという故事によるという。

(23) 『広辞苑第五版』(一九九八年)によると、宮殿の檻(てすり)にしがみついてまで皇帝に諫言しようとした朱雲を役人がひきおろそうとしたとき檻が折れたという故事から、きびしく意見すること、せめさいなむことをいうとある。また、辞書の中には「肉体に苦痛を与えて懲らしめること」とするものもあり、稲村教授も「せっかん」をほぼ同意に解して「親または他の成人が激情にかられて子供に暴力をふるい肉体的苦痛を与える行為」としている(注(7))。しかし、こうなると語の意味としては、少し限定的になりすぎる。

(24) 「児童虐待」の概念は、国により、時代により異なるが、わが国では、前掲昭和四八年の厚生省調査における「虐待」概念と家常恵氏の定義が注目される。すなわち、前掲家常論文（注（13））では、福祉的観点から「虐待とは子どもの安全を守り、心身ともに健やかに成長させるべき養育者が養育の範囲をこえて、物理的暴力あるいは精神的圧迫を加えることにより、子どもの成長・発達に決定的ダメージを与える行為である」と定義づけられ、その内容から「身体的虐待（physical abuse）」、「精神的虐待（neglect）」、「性的虐待（sexual abuse）」の三分類がなされている。

(2) 児童虐待の客体としての「児童」

児童虐待の客体としての「児童」とは、一体何歳までの者を意味するのか、法律上は必ずしも一義的ではない。西ドイツでは、一般にKinder（子・児童）とは一四歳未満の者を意味し（ただし、父母との血縁関係をあらわすときは、年齢は関係ないものとされる）、一四歳以上一八歳未満の少年（Jugendliche）、一八歳以上二一歳未満の青年（Heranwachsende）、二一歳以上の成人（Erwachsende）と区別される。児童虐待（正確には、保護を命ぜられた者に対する虐待）の場合（西独刑法二二三条b）は、一八歳未満の者が行為の客体とされ、また、近親相姦（西独刑法一七三条）の場合は、行為のとき、子や孫（および弟妹）が一八歳未満であったときは、これを不可罰としている。

これに対し、わが国においては、戦前は、児童虐待防止法（昭和八年）をはじめ、おおむね一四歳未満の児童の保護が考えられていたといってよい（工場労働者最低年齢法、船員最低年齢法など。なお、明治四〇年制定の現行刑法四一条も満一四歳未満の者を刑事責任無能力者としている)。ところが、現行法上は児童(および少年・未成年者)の保護・福祉が戦前とは比べものにならないほど厚くなったといってよいが、反面、それぞれの立法趣旨に応ずるためとはいえ、呼称名も年齢区分も全くまちまちであること、**表1**に示すとおりである。

三 児童虐待の実態

(1) 諸外国における児童虐待の実態

児童虐待は、無力な子どもが被害者になることが多いので、いきおい、どこの国でも暗数が高く、従って、その実態は、正確には捉え難いようである。米国の場合、ケンプらによれば、全国的規模の病院調査で、七一の病院において一年間に三〇二例の報告があり、そのうち三三人の子どもが死亡し、八五人は永久的な脳障害を蒙り、その三分の一のケースでは、適切な医学的診断の後、ある種の法的措置がとられたとしている。更に同一年に七七人の地方検事が、右と同じ一年間に認知し報告した児童虐待のケース四四七事例では、四五人が死亡、二九人が永久的な脳障害を蒙り、このグループの四六パーセントにおいて裁判所が自主的に関与している。また、一九六一年一一月のある一日、コロラド一般病院の小児科には四人の幼児が両親から加えられた被虐待児症候群で運びこまれた。そしてこの四人のうち二人は中枢神経系統の損傷で死亡し、他の一人は病院から退院して四週間後、両親の世話をうけている間に原因不明で死亡し、四人目の最後の一人だけがなお健康を保持していると報告されている。これに対し、比較的最近のものとして一九七四年に設立された国立児童虐待・放任研究所の推計によれば、一九七七年現在、児童放任と虐待は、総計一〇〇万件、そのうち前者が七〇〜八四万件位、身体的虐待が一〇〜二〇万件、性的虐待（近親相姦）が六〜一〇万件位であるという。[25]

他方、西ドイツでは、一九八〇年には、警察犯罪統計上約一五〇〇件の児童虐待（Kindesmißhandlung）が計上されている（もっとも、この数は西ドイツ刑法二二三条bに含まれる狭義の児童虐待の数である）が、これほど暗数の高い犯罪はあるまいとされ、犯罪学者や法医学者は、これを三万件ないし八万件と推計しているといわれる。[26]（後注b）

西ドイツでは、最近、子どもに対する犯罪行為について、有罪判決を言い渡された人員、被害児の年齢区分などに関する統計表が公表されているので、その参照しうる最近五年間の表のうち、児童虐待にあたるものを抜粋して表示すると**表2**のとおりである。

(25)　Besharov, Douglas J., U. S. National Center on Child Abuse and Neglect — Three Years of Experience. Child Abuse and Neglect, The International Journal 1977, pp. 173-177. および我妻洋「児童虐待」『アメリカの家族の変遷』（仮題、文芸春秋社刊）掲載予定参照。もっとも、右国立児童虐待・放任研究所の定義によると、

と呼称名および対象者の年齢等

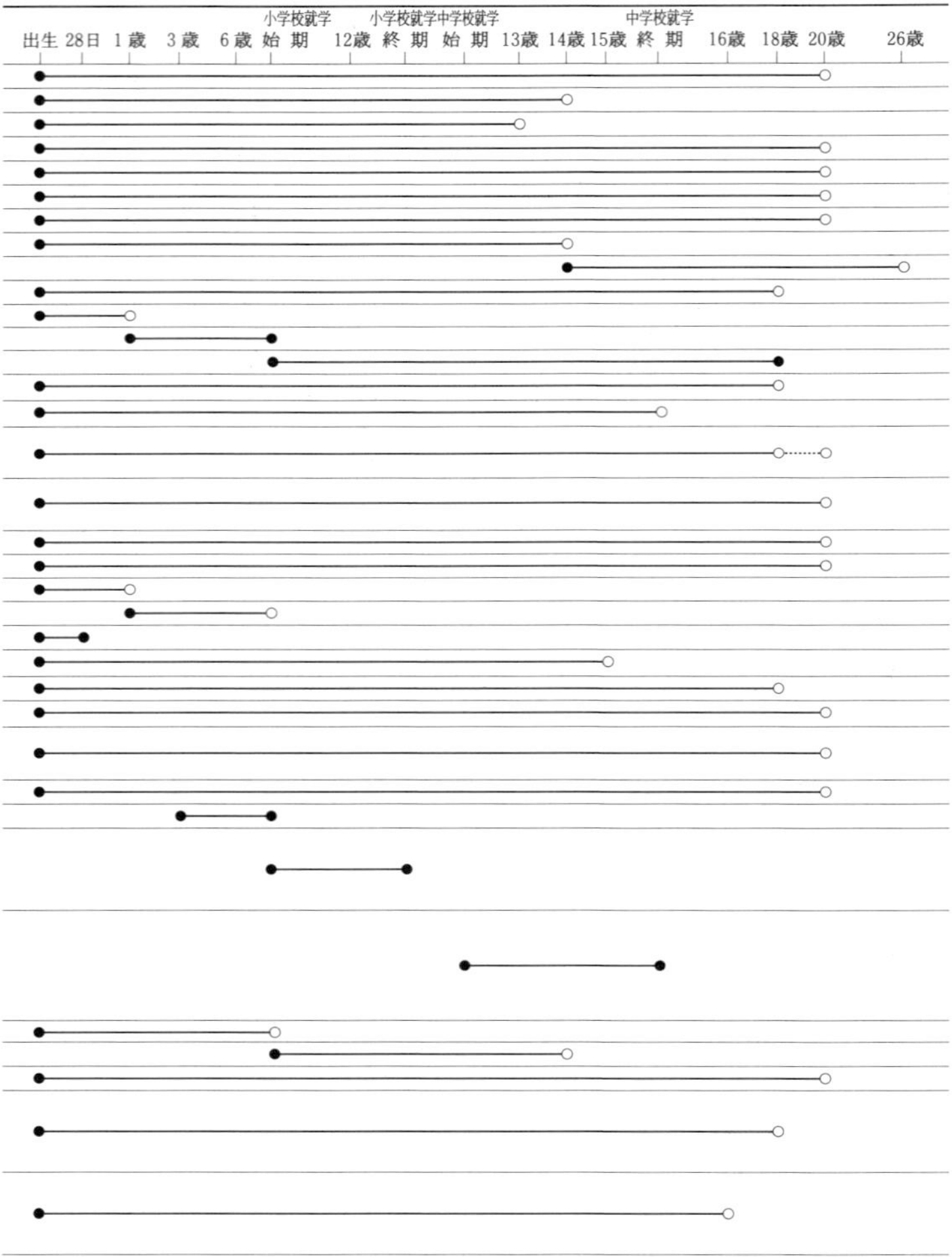

なお，本表は，浪本勝年「子どもをめぐる法制上の問題点」石橋修ほか『総合的子どもの権
「被虐待児と法と律」(注13) の表1と合成したものである。

表1　児童・未成年者に関する法令

法領域	法　律　名（条文）	呼　称　名	年　　齢
民事法	民法（3条，4条）	未成年者	20歳未満の者
刑事法	刑　法 （41，176条，177条，224条，248条など）	（刑事責任無能力）	14歳未満の者
		（性行為同意無能力）	13歳未満の者
		未成年者	20歳未満の者
	未成年者喫煙禁止法	未成年者	満20歳に至らざる者
	未成年者飲酒禁止法	未成年者	満20歳に至らざる者
	少年法（2条）	少　年	20歳未満の者
	少年法（3条）	触法少年	14歳未満の者
	少年院法（2条）	少　年	14歳以上26歳未満の者
社会保障法（社会法）	児童福祉法（4条）	児　童	18歳未満の者
		乳　児	1歳未満の者
		幼　児	1歳から小学校就学の始期に達するまでの者
		少　年	小学校就学の始期から18歳に達するまでの者
	児童手当法 （3条1項，2項）	児　童	18歳未満の者
		義務教育終了前の児童	15歳に達した日の属する学年の末日以前の者
	児童扶養手当法 （3条1項）	児　童	18歳未満の者又は20歳未満で同法の別表第1に定める程度の廃疾の状態にある者
	特別児童扶養手当法 （2条1項）	障害児	20歳未満であって別表第1に定める程度の障害の状態にある者
	母子福祉法（5条2項）	児　童	20歳未満の者
	生活保護法（81条）	未成年者	20歳未満の者
	母子保護法 （6条2項，3項，5項）	乳　児	1歳未満の者
		幼　児	満1歳から小学校就学の始期に達するまでの者
		新生児	出生後28日を経過しない者
労働法（社会法）	労働基準法 （56条1項，57条1項，58条，59条など）	児　童	15歳未満の者
		年少者	18歳未満の者
		未成年者	20歳未満の者
	女子年少者労働基準規則 （1条，3条，8条）	未成年者	20歳未満の者
	勤労青少年福祉法	勤労青少年	20歳未満の者
教育法（公法）	学校教育法 （22条，23条，39条1項，2項，77条，80条）	幼　児	満3歳から小学校就学の始期に達するまで
		学齢児童	6歳に達した日の翌日以後における最初の学年の初めから，12歳に達した日の属する学年の終わりまでの者
		学齢生徒	小学校（又は盲学校，聾学校若しくは養護学校の小学部）の課程を終了した日の翌日以後における最初の学年の初めから，15歳に達した日の属する学年の終わりまでの者
警察法（公法）	道路交通法	幼　児	6歳未満の者
		児　童	6歳以上13歳未満の者
		大型免許を与えない者	20歳に満たない者
		普通免許・大型特殊免許及び牽引免許を与えない者	18歳に満たない者
		二輪免許，小型特殊免許及び原付免許を与えない者	16歳に満たない者

（注）表中右欄における●は当該年齢等を含み，○は含まない。………は例外的場合を示す。

利論の必要性と課題』〈日本教育学会第36回大会報告書〉の誤記を訂正したうえ，中谷

由で有罪判決を受けた者と被害児の数（年齢別）

害児の年齢																	
1978年			1979年					1980年					1981年				
3～5歳	6～8歳	9歳以上	1歳	2歳	3～5歳	6～8歳	9歳以上	1歳	2歳	3～5歳	6～8歳	9歳以上	1歳	2歳	3～5歳	6～8歳	9歳以上
11	—	—	18	17	12	3	—	13	9	9	—	—	31	13	9	2	—
224	39	17	1,218 (65.8)	365	224	29	16	1,130 (63)	405	209	29	16	1,102 (64.3)	351	204	30	26
—	—	—	2	1	1	—	—	—	—	—	—	1	—	—	1	—	—
1	1	—	52	9	2	1	—	51	5	6	—	—	51	14	2	1	1
—	1	3	12	2	1	—	—	7	2	1	—	—	10	3	—	—	—
—	1	—	13	1	—	—	—	14	—	—	—	—	4	2	—	—	—
—	—	—	2	—	—	—	—	2	1	1	—	—	3	—	—	—	—
—	—	—	5	—	—	—	—	6	—	—	—	—	7	—	—	—	—
—	—	—	2	1	—	—	—	3	—	—	—	—	1	—	—	—	—
8	—	—	298	17	2	2	—	295	25	2	1	—	280	13	4	—	1
4	1	—	148	22	9	2	2	177	16	7	1	—	147	26	4	—	—
9	—	1	122 (84.1)	16	6	1	—	133 (84.1)	17	8	—	—	131 (86.2)	17	4	—	—
—	—	—	—	1	—	—	—	1	—	—	—	—	1	—	—	—	—
—	—	—	8	—	—	—	—	10	—	—	—	—	11	—	—	—	—
257	43	21	1,900 (71.3)	452	257	38	18	1,842 (70)	480	243	31	17	1,779 (64)	469	228	33	28

Ausgewählte Zahlen für die Rechtspflege, 1977～1981による。

表2　西ドイツにおいて子どもに対する犯罪の理

罪名（西ドイツ刑法の条文）	第一審有罪者数					被						
						1977年						
	1977年	1978年	1979年	1980年	1981年	1歳	2歳	3～5歳	6～8歳	9歳以上	1歳	2歳
養護義務または教育義務の違反（170条d）	80	66	50	31	55	39	17	23	1	—	33	22
児童の性的虐待（濫用）（176条1項，2項，3項，5項）	2,108	1,932	1,852	1,789	1,713	1,332 (62.7)	445	278	35	18	1,270 (65.7)	382
同上致死（176条4項）	4	—	4	1	1	2	—	—	1	1	—	—
児童に対する強姦（177条1項）	75	78	64	62	69	61	10	3	1	—	68	8
謀殺（211条）	15	16	15	10	13	11	2	1	—	1	11	1
故殺（212条）	5	12	14	14	6	5	—	—	—	—	11	—
故殺の比較的重くない事態（213条）	10	2	2	4	3	10	—	—	—	—	2	—
嬰児殺（217条）	9	5	5	6	7	9	—	—	—	—	4	1
遺棄（221条）	5	2	3	3	1	4	1	—	—	—	2	—
傷害（223条）	363	309	319	323	298	334	19	5	3	2	281	20
危険な傷害（223条a）	201	204	183	201	177	173	21	6	—	1	168	31
保護を命ぜられた者に対する虐待（223条b）	205	178	145	158	152	170 (83)	27	8	—	—	143 (80.3)	25
重い傷害（224条）	0	2	1	1	1	—	—	—	—	—	1	1
傷害致死（226条）	14	6	8	10	11	12	2	—	—	—	6	—
計	3,094	2,812	2,665	2,613	2,507	2,162 (69.9)	544	324	41	23	2,000 (71.1)	491

（注）1）Statistisches Bundesamt Wiesbaden, Rechtspflege, Fachserie 10, Reihe 1,
2）カッコ内はパーセンテージ。

近親相姦《インセスト》は、「家族内性的虐待」であり、「児童の家族集団のメンバーによって児童に永続的に加えられる虐待」であり、「性交に限らず児童を性的に刺戟するためになされる行為、および加害者または第三者を性的に刺戟するために児童に加えられる行為のすべてを含む」。このような広い概念規定による近親相姦は、年間二五万件を越えるとさえ推定されている。しかし、近親相姦の中でもとくに娘の精神的発達に著しく有害であるが故に深刻な問題と考えられている父娘相姦の場合でも、父親にむりやりに性的関係を持たされる事例は、全体の一割にすぎないという。我妻洋「アメリカの近親相姦」サイコロジー一七号（一九八一年一〇月号）三八頁以下、とくに四〇頁、四四頁参照。しかし、同教授によれば、一九五五年から七九年までの間に英・米・西独で行われた五つの近親相姦調査例――①ワインバーグ（Weinberg, S. K., Incest Behavior, 1955）（一九五五年イリノイ州の法廷ケース）、②ルキアノヴィッツ（Lukianowicz, N., Incest, British Journal of Psychiatry. 120. 1972, pp. 201～212）（一九七二年アイルランドのクリニック・ケース）、③マイシュ（Maisch, H., Incest, 1972）（一九七二年西ドイツの法廷ケース）、④マイセルマン（Meiselman, K., Incest, 1978）（一九七八年カリフォルニアのクリニック・ケース）、⑤ジャスティス夫妻（Justis, B., & Justis, R., The Broken Taboo, 1979）（一九七九年テキサスのクリニック・ケース）――合計五〇六件中父娘相姦は三九九件で、九四・一％（母子相姦は一二例で二・八％にすぎない）と圧倒的多数であることも注目されねばならない。なお、筆者は、右にかかげた文献をはじめ、アメリカの多くの文献を我妻教授より教えていただいたことに感謝する。ちなみに、同教授は、neglectに「無視」の訳語をあてておられる。さらに、ごく最近のアメリカの状況については、Stark, Elizabeth, The Unspeakable Family Secret, Psychology Today, May 1984, pp. 41～46 参照。最近のわが国の文献として、南博『家族内性愛』（一九八四年）がある。

（26） Trube-Becker, a. a. O.（注（5））裏表紙参照。

(2)　わが国における児童虐待の実態と調査

①　児童虐待の調査例

わが国におけるこの種の事例の個別的な症例報告以外の客観的・数量的調査としては、さしあたり、年次順に、一九七四年の厚生省調査（但し、調査期間は一九七三年四月一日より一九七四年三月三一日まで。以下第一調査と略称する）、一九七六年の大阪児童相談所の児童福祉司グループの調査（一九七〇年から七四年までの五年間。以下第二調査という）、一九八〇年の法医学会調査（一九六八年から七七年までの一〇年間。以下第三調査と呼ぶ）、次いで全国社会福祉協議会養護施設協議会（以下、全養協と略称）が一九七九年五月一日現在の全養護施設（五二八施設）の全収容児童を対象として行った調査（以下、第四調査と呼ぶ）および一九八三年の東京都児童相談所調査（一九七五年から八一年までの七年間。以下第五調査と呼ぶ）の五調査例を挙げることができる。

さらに、右のほか、目的は「虐待」の調査ではないが、子殺しの一態様としてこれを扱った栗栖瑛子＝大森晶夫「東京における子殺しの実態――戦後二二年間（昭和二五年～昭和四六年）の動向」[27]も例数は二〇件にとどまるが、東京管内で、昭和二五（一九五〇）年より昭和四六（一九七一）年までに「裁判が確定したもので、強盗殺人を除く殺人、殺人未遂、傷害致死、同未遂事件のうち、加害者・被害者の関係が親・実子関係であるもの」を取り扱い、とくに第三調査との比較に際して参考となると思われるので、必要に応じて参照することにする（以下栗栖＝大森調査と呼ぶ）。なお、以上に加えて、昭和五八年四月一日より同五九年三月三一日まで、第一調査後の一〇年目の調査研究班の研究が池田由子博士を主任研究員として田村健二教授を中心に全国規模で進められており、その本格的な調査結果が明らかになるのも間近と期待される。

このように児童虐待に関する調査・研究は最近一〇年間でまことにめざましいものがある。

前述第一〜第五調査のうち、これまで最もよく知られているのは、第一調査である。これは、厚生省の児童家庭局によって行われたもので、昭和四八（一九七三）年四月一日から同四九（一九七四）年三月三一日までに、全国の児童相談所が受理した三歳未満児に対する虐待・遺棄のケース並びに各児童相談所管内で発生した三歳未満児の殺害事件のケースを調査対象とし、昭和四九年に「児童の虐待、遺棄、殺害事件に関する調査結果について」という標題の報告書（ワラ半紙一〇枚）にまとめられたものである。これは、この種の調査として先駆的なものであるが、わが国ではまだまだ児童虐待についての問題意識も高くない状況下で、対象も極めて限定されていたため、事例は僅かに二四例（但し、そのうち二例は父母の共同で行われたため、加害者は二六名）にとどまる。これに対して、第二調査では、「肉体的な危害を加えられたというケースがほとんどであるが、精神的苦痛を加えられたケースも、多少含まれている」[28]やや広い「虐待」概念の下に、前記の五年間で一二〇件といくらかまとまった数の事例が調査対象とされている（**表3a**参照）。

児童虐待の極は、虐待死（故意または結果的加重犯としての）に至るわけであるが、第三調査は、日本法医学会の課題調査委員会が前記一〇年間に全国規模で行った被虐待児の司法解剖例の調査結果をまとめたもので、極めて画期的なものである。前述第一・第二および後述第五の三調査が共通して児童相談所における取扱いケースを対象としているのに対して、本調査の対象の被虐待児はすでに死亡したものという特殊事例に限定されているため、前記諸調査とは少なくとも調査方法を異にするから、それらと単純な比較はできないが、刑事事件であるだけに事実関係がより明確にされている点も含め

表3 a　被虐待児数の動向
（第2〔大阪児相〕調査）

年　　度	年間養護ケース数	被虐待数	%
昭和45	1177	12	1.0
46	1530	34	2.2
47	1571	18	1.1
48	1555	18	1.2
49	1660	38	2.3
以下5年間の平均値	1498.6	24	1.6

（注）　大阪児相『児童相談所紀要Ⅱ』1976年表1および表2により作成した。

表3 b　被虐待児数の動向
（第5〔東京児相〕調査）

年　　度	年間保護人数	被虐待数	%
昭和50	1062	28	2.6
51	1064	27	2.5
52	1048	27	2.5
53	1064	21	2.0
54	1089	29	2.8
55	1193	29	2.4
56	1173	26	2.2
上記7年間の平均値	1099	27	2.4

（注）　甘楽昌子ら「被虐待児をめぐる社会病理」（精神科 Mook『青少年の社会病理』掲載予定）表1により作成した。

て、極めて注目に価する（なお、後述参照）。

また、第四調査は、国際児童年を記念して、全社協と全養協とが協力して全国の養護施設に収容中の児童を調査対象として「養護施設児童の人権に関する調査」を目的として実施されたものである。したがって前記の児童相談所における諸（第一・第二および第五）調査とは比較し難いが、その人権侵害調査結果は**表4**のとおりと報告されている。この**表4**のうち、分類AとBは、C以下とは内容・視点を異にするので除外し、またHも行為の態様が漠然としすぎるので別論としても、紛れもなく児童虐待が行なわれたと認められるC～Gに該当する施設収容児は一四八八名にのぼり、全対象児童数の六・六％を占める。本調査は、その実数も比率も他の調査とは比較にならないほど多数である（**表3a**、**3b**参照）。しかし、これとても、ごく限られた養護施設内収容児に関するものであるから、ここに把捉された数は、まさしく「氷山の一角」にすぎないと思われる。そうだとすれば、従来、欧米にくらべて極めて少ないといわれて来た被虐待児の数は、わが国でも相当数に上るものと考えなければならない。

最後に第五調査は、昭和五〇年度以降東京都の児童相談所で取り扱った被虐待児のケースに関するものである。これは、その調査・規模からいって大阪児相の第二調査に対応するもので、大阪と東京という日本の代表的大都市における調査で、しかも昭和四〇年代後半と五〇年代の調査ということで、地域差・時代差を含めて対比・検討するのに絶好の資料ということができる。もっとも、甘楽昌子氏ほか三名（西尾政子、坂本達子、石川知子）の共同執筆によるこの調査結果の報告「被虐待児をめぐる

表4　養護施設児童の人権侵害ケース調査結果（1979年5月1日現在）

分類	人権侵害の事例	該当家庭数	対象児童数	児童総数/A	被侵害児/B
A	父又は母の直接的暴力，暴行等により家庭崩壊したケース	277 }ケース 1,052	397 }人 1,601	} 7.0%	} 21.4%
B	父又は母の暴力，暴行等に起因して離別，家出等により家庭崩壊したケース	775	1,204		
C	父又は母の放任，過干渉等過度な状況により虐待されたケース	612 } 967	872 } 1,334	3.9%	11.7%
D	父又は母の精神障害，薬害等によって虐待されたケース	355	462	2.0%	6.2%
E	父又は母の性行為的暴行によって児童が被害者となったケース	47	56	} 0.7%	} 2.1%
F	養父母，継父母等による性行為的暴行によって児童が被害者となったケース	34	41		
G	同居，同棲者等の第三者による性行為的暴行によって児童が被害者となったケース	39	57		
H	その他，児童の人権が侵害されていると思われるケース	1,076	4,371	19.4%	58.6%
	計	3,215(18.9%)	7,460　B	33.0%	100%
	特に人権侵害がなかったもの	13,798(81.1%)	15,123	67%	
	合　　計	17,013 (100%)	22,583　A	100%	

（注）　全国社会福祉協議会養護施設協議会編『親権と子どもの人権』p.293，1980年による。

社会病理」は、精神科ムック（Mook）「青少年の社会病理」に掲載予定で目下印刷中とのことで、まだ全面的に公刊されてはいないが、その一部はすでに石川知子医師によって公表され（前掲注（13）参照）、またその要旨は、昭和五五年第七六回日本精神神経学会から、同五八年第七九回同学会までの間に第一～第四報として連続して公表されている（精神神経学雑誌八二巻九号五一〇頁〔一九八〇年〕、同八三巻一〇号六一三頁〔一九八一年〕、同八四巻一〇号七二四頁〔一九八二年〕〕、同八五巻一二号八九五頁〔一九八三年〕〕。また、甘楽氏は単独でも簡単な解説を公表している(29)。筆者は、幸いにも甘楽氏の個人的な好意と金原出版編集担当者の格別の配慮により、甘楽博士らの右調査結果の原稿の披見を許され、これを参照することができた（**表3b**、**表6a・b**、**表7**、**図1**参照）。

② 調査結果から見た最近のわが国の児童虐待

前述諸調査結果を比較・総合して、わが国における最近の児童虐待の現状と特徴を概観することとする。但し、第一調査は、件数が少ないだけではなく、被害児の性別は不詳であり、かつ、対象児が三歳未満児に限定されているため、比較資料としては不適当と思われるので、一応除外することとした。

ⅰ 被虐待児の年齢別・性別構成

(イ) 前記諸調査における調査項目、結果分析は、相互に必ずしも対応するものではないので、各個調査を対照的に図表化することは不可能である。ただ、概略を直接比照することのできる西ドイツにおける被害児の年齢と比較すると、わが国の場合は、すべての関連犯罪の被害児のうち二歳未満児が圧倒的多数で平均約七〇％に達し、最も人数の多い性的虐待で六三～六五％、保護を命ぜられた者に対する虐待でもこの年齢層が最多で八〇～八六％にも及ぶ（前掲**表2**参照）。これに対して、第二調査では、このような極端な偏りは認められず、一五歳以上の年長少年は別として、全体に散らばっており（後掲大阪児相紀要（注（28））九頁の図(5)参照）、第三調査

表 5　被虐待児の年齢別の割合[1)]

調査名	総数	6ヵ月未満	6〜1歳未満	1〜2歳	3〜5歳	6〜8歳	9〜11歳	12〜14歳	15〜17歳
第 1 調査[2)]	24 (100.0)	1 (4.2)	3 (12.5)	20[3)] (83.3)	—		—	—	—
第 2 調査[4)]	120 (100.0)	17 (15.0)			30 (25.0)	24 (20.0)	28 (23.0)	19 (16.0)	1 (1.0)
第 3 調査[5)]	185 (100.0)	25 (13.5)	16 (8.6)	79 (42.7)	49 (26.4)	13 (7.0)	1 (0.5)	2 (1.1)	0 (0)

（注）　1）第 5 調査については図 1 参照。
2）第 1（厚生省）調査第 4 表より作成。カッコ内はパーセンテージ（以下同じ）。
3）第 1 調査の対象は 3 歳未満児に限定されていることに注意。なお原表では 2 歳未満児が 6（25.0%），2 歳以上（といっても 3 歳未満児）14（58.3%）と計上されている。
4）大阪児相・前掲紀要 9 頁，図 5 より作成。
5）神田瑞穂「被虐待児の司法解剖例調査」日法医誌34（3）148頁表 2 および日本医学会課題調査委員会「被虐待児の司法解剖例集」日法医誌36（5）768〜790頁により作成。

では、二歳未満児は一八五人中七八人で、四二・二％、これに二〜四歳児を加えると一五八人となり、八五％に及ぶ（表5参照）。殺人・傷害致死を対象とする点でこの第三調査に近い栗栖＝大森調査では、正確な数値の摘示はないが、その類型別被害者年齢別分布（後掲「ケース研究」（注（27））七頁図2）によると、三歳未満がピークとなっていて、乳幼児が被害者となっていることが明らかで、第三調査と近似値が認められる。これに対して第五調査では、児相の相談事例であるから、当然に児童の年齢も高く、**図1**に示すとおり、男児では八歳、女児でも男児と同様八歳に一つのピークがあるが、そのほか男児では見られない一三歳をピークとしてその前後（一二、一四歳）にもう一つの山がある二峰性の特徴を示している。石川医師は、「この二番目の山は性的虐待を示している」と指摘している。[30]

図1　第5調査における
年齢別被虐待児数

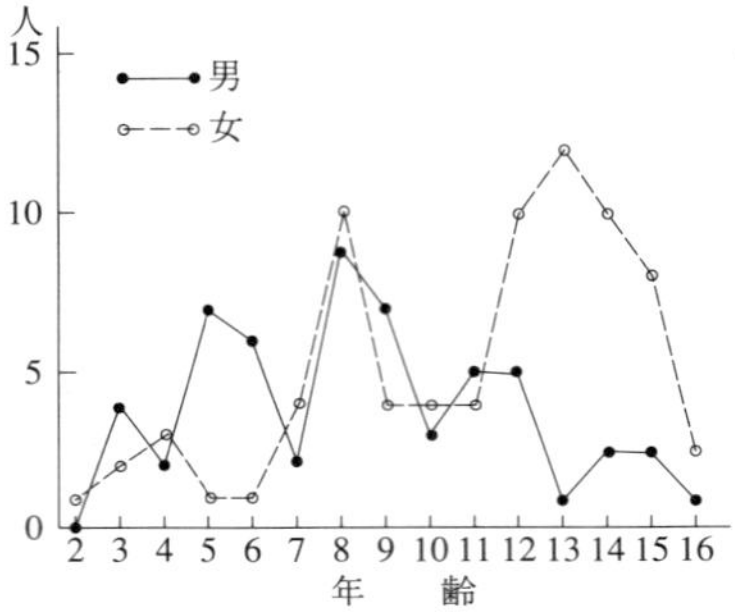

（注）　石川知子「被虐待児の家族的社会的背景」小児看護 Vol. 6，No. 6（1983年6月）721頁，図2による。

(ロ)　被害児の性別については、第一、第四調査では不明、第二調査では五年間の総計一二〇名中で男児五九名、女児六一名で差はなく、第三調査でも一〇年間の被虐待児解剖例総数一八五例中男児は九五人、女児九〇人で、やはり有意差は認められない。しかし、栗栖＝大森調査では、虐待による子殺し二〇例中男児は一三名（六五％）、女児は七名（三五％）で、顕著に男児が多い。これに反して、第五調査では五年間（一九七五～一九七九年）の総数一三一名中男児の五六名（四三％弱）に対して、女児は過半数の七五名（五七％強）が数えられている。この調査では、被虐待女児七五名中、性的虐待は、「なぐる、ける」に次ぐ第二位で、二一例（二八％）もある[31]（**表6b**および**表7**参照）ので、その分だけ被虐待女児が多くなったものと考えられる。もとよりこの一回の調査結果だけから速断することは、厳に慎しまなければならないが、石川医師によれば前記調査年度（一九七五～一九七九年）の「いずれの年度においても女児が多い」[32]とのことで、これまでのわが国の調査では明らかにされなかった児童虐待の重大な一面を推認させるに十分であり、前述のアメリカの調査結果（前掲注（25）参照）に照らしても、女児に対する性的虐待の問題性をあらためて確認する必要がある[33]（後注c）。

表 6 a　第 5 調査における年長男児の虐待内容[1)]

内容＼虐待者	実父	実母	継父	継母	実父母	継父 実母	実父 継母	全員 (同胞も)	実兄	計
なぐる，ける	18	2	6				2	1	1	30
火　　傷	1						1			2
追い出す	2	1								3
食事を与えない	2	1	1				1			5
かまわない	5			1	1					7
躾のゆきすぎ	4	2	1	1	1					9
首をしめる	1		1		1					3
しばる，閉じこめる	2	1								3
別居中連れ出す	1									1
計	36	7	9	2	3	0	4	1	1	

（注） 1）石川知子・前掲小児看護　Vol.6，No.6，722頁，表 2 による。

表 6 b　第 5 調査における年長女児の虐待内容[1)]

内容＼虐待者	実父	実母	継父	継母	実父母	継父 実母	実　父 継　母	全員	同　胞	計
なぐる，ける	25	4	6	3			2	1	1	42
火　　傷	1	1	4	1			1			8
追い出す										0
食事を与えない	2	1	1	1			1	1		7
かまわない	2	2		1						5
躾のゆきすぎ						1	(養父母) 1			2
首をしめる	1									1
水をかける			1	1						2
性的強要	12		9							21[2)]
発育不良	1							1	1(0)[3)]	3(2)[3)]
登校させない		1								1
計	44	9	21	7	0	1	5	3	2	

（注） 1）　石川知子・前掲小児看護　Vol.6，No.6，722頁，表 2 による。
2）　この詳細な内わけについては表 7 参照。
3）　甘楽ら「被虐待児をめぐる社会病理」精神科 Mook 青少年の社会病理掲載予定の表 3 によれば、この 1 は 0，従って発育不良の計は 2 とのことである。

表7　第5調査における性的虐待における加害者の状況
（表6ｂ　注2における、21例の内わけ）

続柄	状況／年齢	母親にも問題あり 異常	母親にも問題あり 正常	父親に問題がない	父親自身に問題あり 酒乱又は飲酒癖	精神障害	慢性身体疾患	性格異常	合計
実父	40歳以下	1	1	1	1	0	0	1	3
	41歳以上	1	7	2	2	0	2	3	9
	小計	2	8	3	3	0	2	4	12
継父	40歳以下	1	0	1	1	0	1	1	4
	41歳以上	4	0	1	0	0	0	4	5
	小計	5	2	2	1	0	1	5	9

（注）　東京児相の調査結果による（前掲・甘楽ら「被虐待児をめぐる社会病理」表4）。

ⅱ　加害者の続柄、年齢、心身の状況

(イ)　加害者の続柄については、すでに第五調査の結果を表6a・bに示したが、石川医師によれば、加害者は実父、継父、実母、継母の順になっているという(34)（ただし、その実数、パーセンテージ等は目下未公開で、不明である）。しかし、第一調査では、加害者二六名中、実母が一六（六一・五%）、実父六（二三・一%）、継母二（七・七%）、その他の保育者二（七・七%）であり、第三調査でも、実母は、加害者総数一九一名（事例＝被害者数は一八五であるが、加害者が二人であるケースが六例あるため、加害者は一九一名となる）中八二名の最多数（四二・九%）で、実父の四八名（二五・一%）を大きく上まわっている。第五調査は前述のとおり、加害者の実数、パーセンテージなど不明のため、これを除外して第一、第二、第三調査における加害者の続柄と年齢層の概要を表示

すると、**表8**のとおりである。これにより第五調査の特性もより明確になるといえる。

(ロ)　加害者の心身の状況、虐待の原因・動機　児童虐待の事例においては、とくに加害者側に問題のある場合が多いことが指摘されて来た。筆者はとくに、はじめて第一調査結果に接したとき、絶対数が少ない点を考慮しても、その**第3表**において「心身障害等有り」が二六人（三四例）中二四人で、九二・四％の高率を示していることに強烈な印象を受けたものである。[35]その後の調査においては、それ程極端ではないが、とくに実母が加害者の場合この傾向が顕著に見られ、それが虐待の原因・動機にかかわっていることがわかる。五調査例のうち、第二、第三調査では、加害者（続柄）別に虐待の原因・動機が図表化されているが（**表9・10、図2**参照）、実父母と継父母、その他の保育者では主要原因に大差があり、実父母の中でも実母と実父では異なることが明らかである。第二調査で、すべての加害者において虐待の動機として数えられ、合計第一位の養育拒否は、第一調査でも四一・四％で第一位となっており、[36]第三調査の実父の虐待の原因・動機第一位の家庭不和は、第一調査でも第二位（三四・五％）の高率でみられる。前記のとおり第一調査では、詳細な分類は示されていないので、内容は必ずしも判然としないが、「心身障害等有り」が九二・四％も計上されていたのに対し、第二、第三調査ではそれ程極端な数値は見られない。しかし、第三調査でも実母の場合は、虐待の動機・原因中、「加害者の精神異常」は第一位で、二二・一％を占め、実父のそれが最下位一・七％にとどまるのとは著しく異なる（**表10**参照）。第二調査には、「精神異常」の項目はないが、アルコール中毒（この調査では虐待の動機としては第二位、二五％を占める「酒乱」の項目の中に入れられている）を除く

表8　加害者の続柄と年齢層[1)]

続　柄	調査の特定	年齢層／人数(%)	1～5歳	10代	20代	30代	40代	50代以上	年齢不詳
実　母	第1調査[2)]	16 (61.5)			(3〔11.5〕)	(20〔76.9〕)	(2〔 7.7〕)	(0〔 0〕)	(1〔 3.9〕)
	第2 〃	23 (19.0)							
	第3 〃[3)]	82 (42.9)			50	22			10
実　父	第1調査	6 (23.1)							
	第2 〃	58 (47.9)							
	第3 〃	48 (25.1)			10	15	11		12
継　母	第1調査	2 (7.7)							
	第2 〃	14 (11.5)							
	第3 〃	27 (14.1)		3	13	4	2		5
継　父	第1調査	—							
	第2 〃	19 (15.7)							
	第3 〃	12 (6.3)			7	4	1		
その他の保育者	第1調査	2 (7.7)							
	第2 〃	7 (5.7)							
	第3 〃	17 (8.9)		1	4	1(2)[4)]	4	1	5
兄　姉	第1調査	—							
	第2 〃	—							
	第3 〃	5 (2.6)	5						

（注）1）第5調査では加害者は実父・継父・実母・継母の順になっているというが，実数，パーセンテージ等は不明である（石川・前掲小児看護720頁参照）。

2）第1調査の年齢層区分は合計の数で加害者別にはなっていない。なお，〔　〕内はパーセンテージである。

3）第3調査の被害児は185名であるが加害者が2人であるものが6例あり，加害者数は191名である。

4）原表の数値は1となっているが，合計が17となっていて計算が合わないので例集の方で確認した結果，2の誤算であることがわかった（日法医誌34(3)，149頁表3および日法医誌36(5)，768-790頁参照)。

精神病や神経症は「人格障害」の項目に入れられているので、他調査にいう「精神異常」にほぼ対応するものと見てよい。ただ、本調査は、「心身障害等有り」が九二・四％も計上された第一調査の直後だったせいもあってか、「虐待について、人格障害の占める割合は、世間で言われているほど多くはない[37]」と分析されている。たしかに、「人格障害による虐待」は、八七件中五件（六％）にすぎないが、実母の場合は二五％（一二例中三例）に見られ、実父の五・九％（三四例中二例）にくらべ、やはり格段に高率であることが注目される（表9参照）。

なお、栗栖＝大森調査でも、調査対象総数二〇七例中虐待は二〇例が数えられているが、加害者の心身の状況については、加害者が実母の場合に際立って精神障害の率が高いという右と同じ様な傾向が認められる。すなわち、右の虐待例二〇のうち、加害者が実父である例は一三例（六五％）で過半数を占めるが、そのうち、犯行時飲酒・酩酊状態にあり、これが犯行の原因または誘因となったと考えられるものが全体の五〇％弱[38]（六例）に見られるものの、「精神発育遅滞」と「性格上問題有」は、あわせて僅かに三例（二五％）にとどまるのに対し、加害者が実母の場合は、「精神発育遅滞」と「性格上問題有」は、計六例で、八六％[39]ときわだって比率が高い。いずれも例数が少ないので、右のパーセンテージを絶対視することは許されないが、実母の虐待例に加害者の精神障害の比率が高いことは、どの調査例にも共通して見られる傾向であり、このことは、とくに母子一体感が強いといわれるわが国で、母親が産みのわが子を虐待することは、当然のことながら、例外的なことであり、それが母親の精神障害に起因することが多いことを示すものとして納得できる。

表9　第2調査（大阪児相）における加害者別虐待の動機（87件中）[1]

動機＼虐待者	実父	実母	継父	継母	2人で	その他	計
養育拒否	2	4	8	6	2	2	24(28%)
酒乱	18		4				22(25%)
しつけの行きすぎ	3	4	1	1	2	1	12(14%)
とばっちり，やけ	4		1	1		1	7(8%)
親の優越性誇示[2]	5		2				7(8%)
人格障害	2	3					5(6%)
嫉妬			1	2			3(3%)
その他		1					1(1%)
不明							6(7%)

（注）　1）　大阪児相紀要Ⅱ11頁表（15）による。
　　　　2）「親の優越性誇示による虐待」とはコンプレックスが強く，立場の弱い親，あるいは，ワンマンな親が強い態度を示すことによって，自己の優越性を獲得しようとすることからくる虐待をいう（注1）17頁参照）。

図2　第2調査における虐待の動機（87件中）[1]

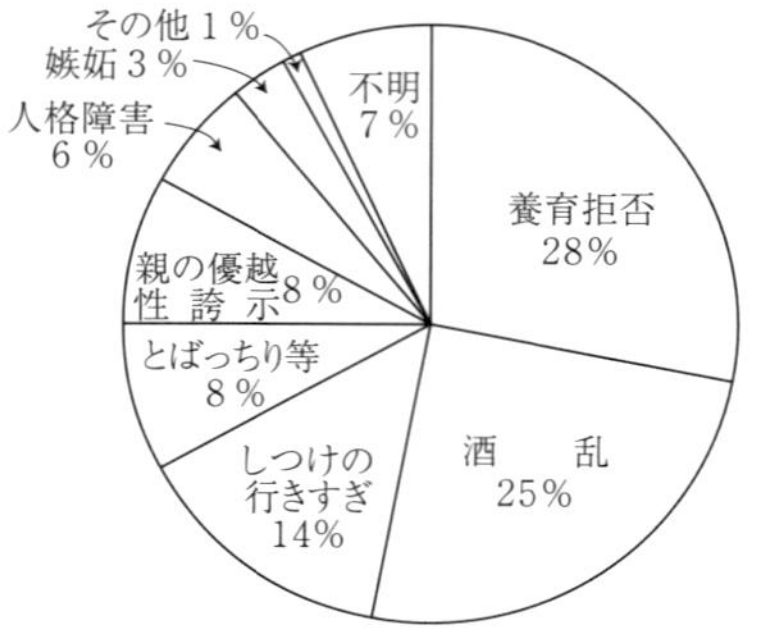

（注）　1）大阪児相紀要Ⅱ11頁図（7）による。

表10　第3調査（日法医）の被虐待児解剖例における加害者別にみた虐待の原因・動機と例数[1)2)]

実　母	例数	%	実　父	例数	%
加害者の精神異常	21	22.1	家庭不和	12	20.3
被害者の知能発育不全	14	14.7	被害者の泣き声	10	16.9
愛情欠如	13	13.7	被害者の尿便失禁	7	11.9
被害者の尿便失禁	11	11.6	被害者の知能発育不全	5	8.5
貧　困	10	10.5	愛情欠如	5	8.5
被害者の泣き声	6	6.3	被害者の反抗的態度	5	8.5
加害者の異性関係のもつれ	6	6.3	加害者の慢性アルコール中毒	4	6.8
家庭不和	4	4.2	貧　困	3	5.1
被害者のいたずら	4	4.2	加害者の精神異常	1	1.7
奇形児	1	1.1	肢体不自由児	1	1.7
加害者の性的不満	1	1.1	不　詳	6	10.2
不　詳	4	4.2			
計	95	100.0	計	59	100.0

継　母	例数	%	継　父	例数	%
愛情欠如	16	55.2	被害者の反抗的態度	9	47.4
被害者の反抗的態度	6	20.7	被害者の泣き声	3	15.8
被害者の尿便失禁	4	13.8	被害者の尿便失禁	3	15.8
継母であることの劣等感と虚栄	1	3.4	愛情欠如	1	5.3
加害者が覚醒剤中毒	1	3.4	奇形児	1	5.3
貧　困	1	3.4	不　詳	2	10.5
計	29	100.0	計	19	100.0

その他の保育者	例数	%	兄　姉	例数	%
被害者の泣き声	3	16.7	加害者のいたずら	4	80.0
実父母の無責任	3	16.7	加害者の嫉妬心	1	20.0
被害者の反抗的態度	3	16.7			
奇形児	2	11.1			
被害者の尿便失禁	2	11.1			
不　詳	5	27.8			
計	18	100.0	計	5	100.0

（注）1）本表は日法医誌34（3），149頁の表4に筆者がパーセンテージを付加して作成したものである。
2）虐待の原因・動機が複数の場合，それらのすべてを算入した数。

(27) ケース研究一六〇号二頁以下(一九七七年)。
(28) 大阪府児童相談所・児童相談所紀要Ⅱ(以下大阪児相・紀要と略称する)二頁(一九七六年)。
(29) 甘楽昌子「東京都における被虐待児の実態――児童相談所一時保護ケースの調査から」社会福祉(東京都福祉局広報誌)一九八三年一二月号五頁。
(30) 石川・前掲論文(注(13))七二〇頁。
(31) 石川知子医師も「女児における性的虐待が女児総数の三分の一を占めていることは大問題であるといわねばならない」としている(石川・前掲論文(注13)七二〇頁)が、筆者も、第五調査に見られるこの顕著な特徴に強い関心をもつ一人である。
(32) 石川・前掲論文(注(13))七二〇頁。
(33) 中谷「少女の性的被害と法制上の問題点」婦人新報九六六号九頁以下、とくに一三頁(一九八一年)参照。
(34) 石川＝西尾＝甘楽＝上出「東京都児童相談所における被虐待児の実態――第一報 統計的検討」精神神経学雑誌(以下、精神経誌と略称)八二巻九号五一〇頁(一九八〇年)および石川・前掲論文(注(13))七二〇頁。なお、右報告および前掲精神科ムック掲載予定の原稿(執筆者は甘楽昌子、西尾政子、坂本達子、石川知子の四氏)では、この調査データをふまえ、いずれも「世にいう『継子いじめ』は、むしろ少ないことが明らかになった」としているのは、やや速断にすぎるのではないかと思われる。これとは対蹠的に、前掲大阪児相紀要は、実親子家庭における虐待ケース六四(五八%)に対し義理の親子関係のある家庭のそれが三九(三五%)である調査結果について、義理の親子関係のある家庭は一〇%前後と推計して、虐待ケースの発生率は後者に高く、また、実親子だけの家庭では父子家庭からの発生率が比較的高いと指摘している(七頁、表9参照)のは、例えば、昭和五六年(一九八一年)の再婚率が一一%(婚姻総数七七六、五三一件中八五、〇八三件)であること(厚生省『昭和五八年版国民衛生の動向』八一頁表40)に照らしても、概ね妥当と言ってよいように思われる。もとより、ここに掲げた数値は、たまたまある一年かぎりのものであること、義理の親子関係には正式の婚姻によらない内縁関係も含まれるものと思われる一方、再婚のすべてが義理の親子関係を発生させるわけではない（子連れとは限らない）ことなど、諸般の事情を考慮しても、結論は同じである。なお、父子家庭からの発生率の高いことは、第五調査において一層顕著である。これは、最近の父子家庭の増加（もっとも父子家庭世帯数は、昭和五八年八月一日現在で一六七、三〇〇世帯であるが、父子家庭世帯数の調査はこれが最初であるから、第二調査実施時と比較することも、従って増加率を確証することもできない。しかし父子家庭世帯の調査が行われたこと自体、その増加を意味するものと考えられる）の反映と思われる。しかし、父子家庭世帯の増加が反面母子家庭世帯を減少させたわけでもない。母子家庭世帯数は昭和四八年調査では六二六、二〇〇であったのに対し昭和五八年調査では七一八、一〇〇世帯で、一〇年間で一四・七％増加している。つまり、ここにもわが国の家庭のあり方に大きな変化があらわれていること、家庭崩壊が進んでいることを窺わせるに足るものがあるといえるのではなかろうか（補遺――この注で「最近」というのは昭和五八年八月である。その後「厚生白書」等に「父子家庭」・「母子家庭」の数値を示すものはなくなったようである。少なくとも、平成一〇年以降のものには見当らない）。

(35)　中谷「子殺しの法的側面」佐々木保行編『日本の子殺しの研究』一三三頁（注(63)）（一九八〇年）参照。

(36)　もっとも、複数回答で、かつ、被害者側から計上した数値である。

(37)　大阪児相・前掲紀要Ⅱ（注(28)）一九頁。

(38)　栗栖＝大森・前掲論文（注(27)）二〇頁はこれを五〇％としているが、正確には四六％強である。

(39)　これも、栗栖＝大森・前掲論文（注(27)）二〇頁では、七五％とされているが、ミス・プリントと思われる。

四　児童虐待と法的対応

(1)　わが国における児童虐待対策の遅れとその社会的背景

一九六〇年代の後半までは殆ど知られるところのなかったわが国における児童虐待も、最近一五、六年間で、三に列挙した諸調査および一に引用の諸研究（注(6)から(14)参照）によって次第にその実態が明らかにされるようになり、同時に、これに対する治療と予防が論じられるようになった。しかし、その対策は漸く緒についたばかりで、多くは今後の課題として残されたままといってよい。このようなわが国における児童虐待対策の立ち遅れの原因は、どこにあるのだろうか。

論者が指摘するように、わが国には欧米におけるように児童虐待の数はそれ程多くないのであろうか。確かに調査例の示すところはそう多くはない。そしてそれが実態なのか、それとも発覚数は単に氷山の一角であって、実数ははるかに多いのかは、にわかに速断することのできない問題である。

例えば、米国では、ケンプの被虐待児症候群の研究発表があった後、一九六三〜四年に各州で児童虐待の通報を義務づける法律（Child Abuse and Neglect Reporting Act）が制定され、この通報は医師・

看護婦・学校教師・保護観察官・警察官・福祉相談員など特定の人の職業上の義務とされた。そして、この法律の制定によって児童虐待・放任の通報数（「明るみに出る」虐待の例数）は、飛躍的な増加を示している。例えば、ケンプゆかりのフロリダ州では、一九六七年「通報法」が制定され、二四時間無料電話相談サービスも始められ、マス・コミによるキャンペインも行われた結果、一年間の通報数は前年の一七件から一挙に一九、一二〇件にはね上り、さらに一九七一年から七四年までの三年間の通報件数は、年間二五、〇〇〇件から三〇、〇〇〇件に及び、このうちの六〇％で虐待の事実が確認されているという。(40) 同じ傾向はマサチューセッツ州でも見られる。(41) わが国においても「通告（報）義務」については児童福祉法二五条に「保護者のない児童又は保護者に監護させることが不適当であると認める児童を発見した者は、これを福祉事務所又は児童相談所に通告しなければならない。（但書省略）」と規定している。しかし、本条には、立法過程では列挙されていた要保護児童も、特定の通告義務者も規定されていない。(42)(補注3) 要保護児発見者すべてを通告義務者とし、しかもその義務違反に対する何らの制裁をも規定しない。米国における通報法のような効果が期待できない理由はここにある。しかし、虐待ケースでは、とくに、被虐待児を早期に保護する必要がある点からも、虐待の事実を職務上知りやすい立場にある学校教師、医師、保健婦（師）・看護婦（師）、警察官などに限定して通告義務者を明記することが望まれている。(43) 第二調査と第五調査における児童相談所への通告者と処理別数は**表11**
a・b（第二調査）と**図3**（第五調査）の通りである。我妻教授は、「日本全国の小中学校で定期的に行なわれる体格検査や健康診断は児童虐待の早期発見には極めて有効なはずだ」とされるが、右図表によれば第二調査で八七例中学校からの通告は九例（一〇・三％）、第五調査で一〇三例中五例（四・九％）にすぎず、しかも医師からの通告例は両者とも皆無である。これによっても通告義務者が特定されず、義務の履行が強制されていないために、通告例は児童虐待のごく一部に限られていることがわかる。したがって、児童虐待がわが国ではとくに少ないといい切ることができるかどうか断定できないところがある。

次に、わが国には山上憶良の「銀《しろがね》も金《くがね》も玉もなにせむにまされる宝子に如《し》かめやも」の歌に代表されるように、古来「子宝」思想があり、とくに母性愛は絶対的なものと考えられて来たから、一般的には児童虐待は欧米にくらべて少ないということも一理あるように思われるが、反面、欧米においては、「虐待」も「近親相姦」もわれわれの表象するところよりは遥かに広範囲のものが考えられていること、家父長権の強かったわが国では、親権の行使としての懲戒の範囲とその濫用としての児童虐待との区別が必ずしも容易ではなく、とりわけ、子は保護の対象としてしか見られず、独立の人権の主体とは考えられなかったために[44]、欧米では「虐待」にあたるとされる場合でも、わが国では社会的に許容されて来たのではないかと考えられるふしがないでもない。たとえば、坂本らが指摘するように[45]、社会全体の貧困から必然的に生じた部分があるとはいえ、人身売買や間引き等の児童虐待が半ば公知の事実として認められていたのも、近々半世紀を遡れば足りる歴史的現実を否定できない。そうだとすれば、わが国における児童虐待の数は暗数の高い諸外国のそれよりも一層暗数率は高いと推計しなければならないであろう。

表11―a　第2調査における児童相談所への通告者

通告者		件数	(%)	通告者	件数	(%)
家族	実父	10	(11.5)	福祉事務所	8	(9.2)
	実母	20	(23.0)	近隣	6	(6.9)
	その他	8	(9.2)	児童委員	1	(1.15)
警察		22	(25.3)	その他	2	(2.3)
学校		9	(10.3)	不明	1	(1.15)

（注）　大阪児相・前掲紀要Ⅱ 4 頁表（5）相談経路別件数によって作成。

表11―b　第2調査における処理別件数

処理		件数	件数(%)
	1）施設入所	58	58(50.9)
	2）福祉司指導	4	4(3.5)
面接指導2回以上	3）指導と経過観察	2	19(16.7)
	4）一時保護及び保護解除後の指導	7	
	5）担任に指導依頼	1	
	6）母に居所斡旋	1	
	7）不明	8	
面接指導1回	8）虐待の事実なし	2	11(9.6)
	9）指導	1	
	10）母子寮斡旋	3	
	11）不明	5	
その他	12）児童委員指導	2	22(19.3)
	13）警察に捜査依頼	2	
	14）他者引き取りによる解決	1	
	15）福祉事務所送致	1	
	16）不明	16	

（注）　1）　大阪児相・前掲紀要Ⅱ，5 頁表（6）処理別件数によって作成。
2）　4），10），15），を1）に準ずるものと解すれば，施設処遇は61％をこえることになる。

第二、第五両調査の比較では、通告者別では、とくに警察からの通告がともに第一位ではあるが、第五調査ではそれが四二%と極めて高い比率を示し、第二調査のほぼ倍になっていること、これに反して学校からの通告は僅かに五例で、比率において第二調査の二分の一以下になっていることが注目される。また処理別においては、施設処遇が顕著に増加していることが注目される。

いずれにせよ、わが国では、子どもの主体的な人権を保障しなければならないという意識はごく最近まで極めて稀薄であり、そのために児童虐待の実態把握に欠けるところがあり、したがってその対策も不十分なままにとり残されているといえよう。

図3　第5調査における児童相談所への通告者別・処理別件数

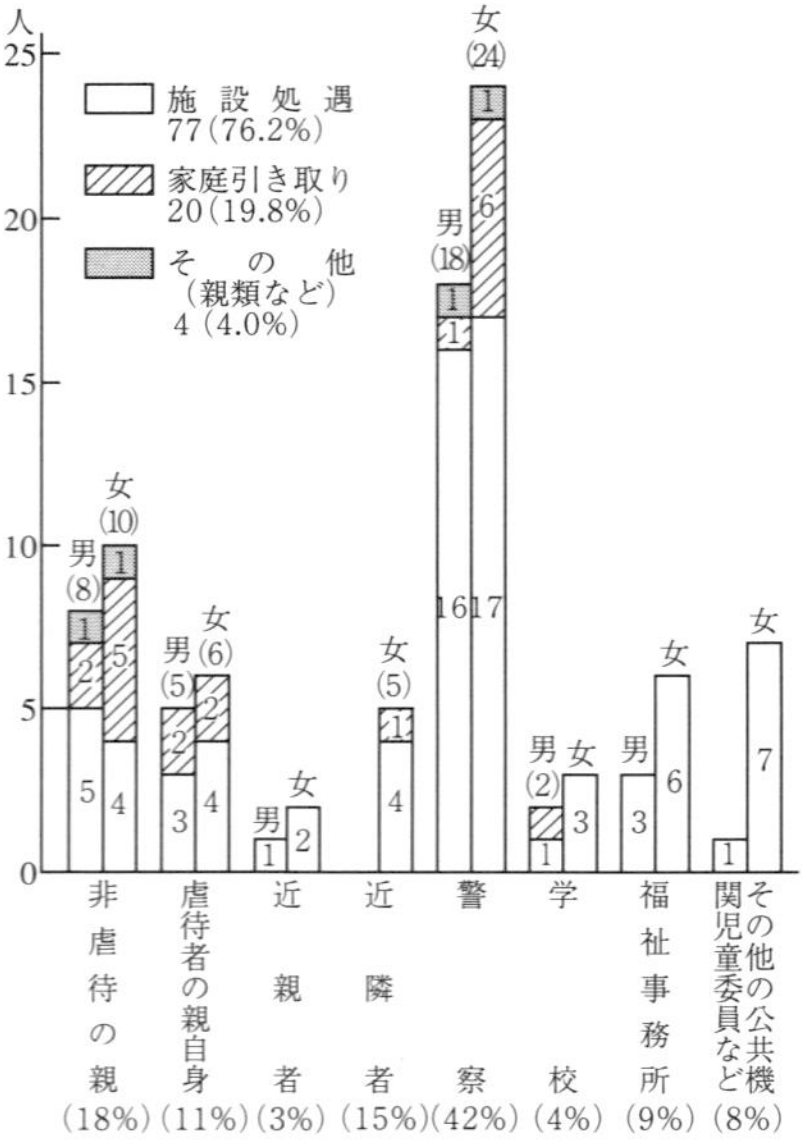

（注）　1）　石川知子・前掲論文，小児看護6巻6号7頁図4による。
2）　数値は筆者が追加記入。（　）内は通告者別小計。

(40) 我妻洋・前掲論文(注(25))「児童虐待」(注(7))参照。

(41) 我妻洋・児童虐待(注(25))第一表参照。なお、同教授によれば、研究の初期には児童虐待は低所得収入者・黒人・失業者世帯・教育程度の低い親に多かったのが、通報法以後、世間の関心も高まり、開業医たちも通報義務を果たすようになり、今日では中流上流の家庭の事例もふえて、今や、収入・職業・学歴・人種などは児童虐待と無関係とされているという。わが国の調査例によれば、右の研究の初期の段階にあるようである。第二調査については、前掲・大阪児相紀要Ⅱ七頁図3および表8参照。第五調査については、前掲・甘楽ら「被虐待児をめぐる社会病理」図8および9参照。

(42) 立法過程における諸案の詳細については、児童福祉法研究会編『児童福祉法成立資料集成(上巻)』五一九〜六〇六頁(一九七八年)参照。

(43) 全社協・全養協編・前掲『親権と子どもの人権』一四二頁、石川稔・前掲論文(注(10))三二二頁、中谷・前掲「被虐待児と法律」(注(13))七四〇頁、坂本達子＝西尾政子＝甘楽昌子＝上出弘之＝石川知子「東京児童相談所における被虐待児の実態——第四報・家庭内暴力としての児童虐待とその再発防止のための提言」精神経誌八五巻一二号八九五頁。

(44) 永井憲一「子どもの権利と教育法学」日本法社会学会編『子どもと法』四五〜六八頁、とくに四七〜五一頁。

(45) 坂本＝西尾＝甘楽＝上出＝石川・前掲精神経誌八五巻一二号八九五頁。

(補注3) このことは本文に記したように、児童福祉法は昭和二三年に施行され、平成一三年までになされた改正では、度々指摘されていたことであるにも拘らず手当てされることはなく、さらに現行法である児童虐待の防止等に関する法律(平成一二年法律八二号)でも考慮されることはなかったのである。

(2) 児童虐待と法的対応

児童虐待に際しては、まず被虐待児に心身の傷害のある場合にはその治療を必要とするほか、加害者である虐待親にも精神病、アルコール中毒、覚せい剤中毒、酒乱等の心身の障害のある場合が多いから、その場合には虐待親に対する治療も必要となる。しかし、このような医療上の対応のほか、児童虐待が貧困に起因するときは、社会福祉による虐待原因の除去が考えられなければならない。その他、総合的に被虐待児の保護を担保する法的制度が考えられなければならない。

わが国における児童虐待に対する法的対応としては、刑法、民法、児童福祉法（以下、児福法と略称）の三者を挙げることができる（平成一二年に児童虐待防止法が成立している）。このうち、前二者は児童虐待が行われたあとの事後処理的・補充的機能をもつにすぎない（とくに刑法については後述五参照）。その意味で児童虐待に対する法的防壁の要《かなめ》は、わが国においては児福法に求められなければならない。しかし、被虐待児と児福法および民法については、筆者は、すでに別の機会に論じたことがある[46]のみならず、本稿のテーマに直接関係がないので、紙幅の制約もあり、すべて省略することとする。

(46) 中谷・前掲「被虐待児と法律」（注(13)）七四二頁以下。なお、石川（稔）（注(10)）、米倉（注(11)）両教授の論稿参照。

五　刑事規制の限界——刑法の謙抑性と児童の保護

(1)　児童虐待と刑罰法規

児童に対する暴行の極は、殺人・傷害致死であり、それらは、それぞれ殺人罪・傷害致死罪としてとり扱われることになる。それ以前の、親の子に対する親権・監護権の濫用・侵害という形で問題とされるべき犯罪態様は、端的には扶養・教育・保護・監督義務の懈怠とか、狭義の児童虐待・児童の性的虐待などが考えられる。立法例としては、わが国のように、生命・身体に対する高度の危険を内容とする保護責任者遺棄罪（刑二一八条）を規定するだけでなく、身体に対する罪としての児童虐待、道徳ないし性的自由に対する罪としての児童の性的虐待・近親相姦、さらには扶養義務や養護・教育・監督義務の懈怠をも独立の犯罪とし、しかも後者については、多くは家族・家庭に対する罪の中に位置づけるものがふえて来ている（たとえば、西独刑法二二三条b、一七〇条b、アメリカ模範刑法典二三〇・四条、二三〇・五条、スイス刑法二一七条、デンマーク刑法二一三条、オーストリア刑法九二条、一九三条、一九八条、一九九条など）。しかし、わが現行刑罰法規にはこの種の規定はない。西ドイツのように子どもに対する犯罪だけをまとめて表示するようなことが、かつて行われたことがないのも、前述のような児童虐待の実態をとらえ難い法制度によるところが大であるように思われる。

なお、児童虐待には性的虐待も含まれるが、立法例のほとんどは「近親相姦《インセスト》」を処罰するほか、児童の「性的虐待（sexual abuse, sexueller Mißbrauch）」[47]を規定しているものが多い。しかも親告罪とはされていない。わが国の現行刑法にはこの種の規定はない。ただ、一三歳未満の子どもに対する性交その他のわいせつ行為は、かりに子どもの承諾を得ていても、強姦罪（刑一七七条）または強制わいせつ罪（刑一七六条）が成立することになるので、とくに不都合はない、というより、家庭内の私事を濫りにあばくことなく、不要な国家刑罰権の発動をさし控えるものと高く評価されてよい、ともいわれてきた。果たしてそうであろうか。以下に少しく検討を試みることとしよう。

（47）西独刑法一七四条は保護を命じられた者に対する性行為を、また同一七六条は一四歳未満の者に対する性行為を可罰的としているが、ここにいう sexueller Mißbrauch という語は、一般に「性的濫用」と訳すのが定訳とされているようであるが、英米でいう sexual abuse とほぼ同義語と思われるので、性的虐待ということにした。なお注（17）参照。

(2)　刑法の謙抑主義と児童の保護

①　近親相姦不処罰と刑法の謙抑主義

わが国の現行刑法が同性愛・獣姦のほか「近親相姦」をも規定しないルーツについては、筆者はすでに一再ならず明らかにした[48]。したがってある程度重複を免れないが、本稿に必要な限度で再現することを寛恕されたい。

現行刑法が性刑法の領域で処罰の対象を限定している点については、これまで「性的風俗の如きについては、あまり多くの干渉を加えず、風俗の自律作用にまかせる方が適当であるとの立法者の見解によるものであろう[49]」と推定されるにとどまっていたが、筆者は正しく右の推定のとおり、旧刑法制定の過程で、ボワソナアドの提案・説得により、近親相姦（親属姦）不処罰に踏み切った経緯を検証し得たのであった。

従来、近親相姦の禁忌（incest taboo）は、古代エジプトやペルーのインカ帝国などの少数の例外を除けば、どの民族にもほぼ普遍的に見られる「まさに文化それ自体」であり[50]、フロイトのエディプス・コンプレックスに見られるように（父）親殺し（原父殺害）タブーと共に人間社会における根源的なタブーであり、このタブーの成立こそ人倫の起源であるとさえいわれる[51]。

わが国においても、唐律を継受した大宝・養老律は勿論、徳川時代の「御定書百箇条」にも規定されていた。明治時代になってからも、仮刑律（明治元年。もっともこれは公布されたものではなく、刑事裁判官の裁判の基準として交付されたものである）、新律綱領（同三年）、改定律例（同六年）のいずれも、犯姦條例の中に「親属（族）相姦」として、広範かつ厳格にこれを規定していた。[52] したがって、旧刑法の草案作成に際して、これを不可罰とするボアソナアド案に対しては、日本側委員鶴田皓から「日本ノ従前刑法ニアル所ノ親族相姦律ハ如何スヘキヤ」という質問が出されている[53]のは、当然と思われる。これに対してボワソナアドは、「仏国刑法ニハ強姦ノ外親属姦ノ律ナシ……親属姦ト雖モ和姦ハ之ヲ罰スルニ及ハス」とし、また、この種の規定を置いたとしても親告罪とすれば、告訴する者はないであろうし、そうかといって通常の非親告罪とすれば「官ニテ余リ人ノ家内ニ立入リ私事ヲ訐《アバ》ク」ことになるから、合意の上の親属姦は「畢竟『モラール』ニ関スル事ニ付宗旨ノ教ニ付シテ之ヲ訓戒スルヨリ外ナシ　故ニ日本ニテモ刑法上ヘ之ヲ置クハ不可ナリ　仮令之ヲ置クトモ実際ニ於テ何等ノ益ヲ為スコトナク却テ法律ノ体面ヲ汚スヘシ」（傍点筆者）とし[54]、さらに、ドイツ刑法は近親相姦、鶏姦（＝同性愛）、獣姦などの規定を置いているが、それは極めて不体裁であることなどをあげて、日本側委員を説得している。これに対して、司法省側からは、①仏国民法には、乱倫の子は終生通常の子となる権利はないとの規定があるが、それは乱倫の親を罰しないでかえって無辜の子だけを罰するようなもので不当である。したがって、乱倫の父母をも罰するのが当然ではないか。②日本の従前の刑法には親属姦処罰の明文があったのに、今後の刑法にはその明文がないということになると、国民の中にはこれが「公許」されたものと誤解する者が出るおそれがある[55]（福原芳山委員）などの反論が出されている。しかし、結局はボワソナアドの説得を受け入れ、「成程親属姦ハモラール上ノ教ニ付シ刑法ニ置カサル方宜シカラン」、「斯ノ如キ醜態ノ罪ハ全ク刑法ニ置カサルコトニ決スヘシ」[56]と同意し、最終的にボワソナアドは「然ラハ親属姦及鶏姦獣姦ハ全ク刑法ニ置カサルコトニ決スヘシ」と決定するに至っている。ボワソナアドの提案は、当時のフランス刑法をモデルにしたものとはいえ、性刑法のあり方、刑法の「謙抑主義」について示唆するところが大であると考える。

最近では、スウェーデンにおける性刑法改正案にボワソナアドと同じような提案があることに筆者は興味を惹かれた。

スウェーデンでは、従来、近親相姦を可罰的なものとしている（スウェーデン刑法六章五条）。現行刑法（一九六二年一二月二一日付、一九六五年一月一日施行）制定当初は近親相姦にはすべての兄弟姉妹間の姦淫が含まれていたが、一九七三年六月五日の法律六四八号により、半血（片親だけ共通）の兄弟姉妹間の姦淫は不可罰とする（全血＝両親共通の兄弟姉妹間の姦淫のみ近親相姦として可罰的とする）旨の改正がなされ、今日に至っている。しかし、一九七七年二月に発足した性犯罪委員会が一九八二年一二月に最終報告書を公刊し、一九八三年一月に司法大臣に提出した「性犯罪に関するスウェーデン刑法改正案」によると、スウェーデン刑法第六章「道徳に対する犯罪について」は「性的違法行為について」と標題をかえるほか、全面的な改正が提案されている。その中で近親相姦は、合意があるかぎり不可罰とされている。[57]（後注d）

インセスト・タブーは、もともとその根拠が必ずしも明確とはいえなかったが、[58]ここに「人倫の起源」は変容しつつあることを感じないわけにいかない。筆者は、前稿で「フリー・セックスの国といわれ、性刑法の領域では最も進歩的な国と解されているスウェーデンにおいて、一九八〇年代になってはじめてこのモデル（近親相姦でも成人間の和姦は不可罰とし、親が子を犯す場合だけを強姦・強制わいせつの加重類型とする規制モデルのこと）が導入されようとしていることは極めて印象深いものがある」としたのであったが、[59] よく考えてみると、ボワソナアドの頃は、インセストを反倫理的なものとしながらも、それは国家刑罰権の介入をまたずして社会的な非難・制裁を受けるものであることを前提としていたのであり、[60] インセスト・タブーそのものの動揺を意味するものではなかった。それこそまさに今日の刑法学で強調されている刑法の謙抑主義・非犯罪化の先駆者の一人としての評価を受けるに値するものであったといってよい。それに対してスウェーデンの性刑法改正案の場合は、すでにわれわれの世代におけるインセスト・タブーからの解放の幕開けと見られないでもない点に質的な差異があるといえるのではなかろうか。したがって、同じパターンの法規制の提案とはいえ、両者を同一レベルで論じたことは妥当でなかったことを反省して、ここに前稿における私見をその限りで訂正したい。

② 児童の保護と刑事規制の限界

「刑罰は最後の手段（ultima ratio）である」というテーゼに異論はなく、また、児童虐待について「親に刑罰を科することによっては、家庭を崩壊させることはあっても、親子関係を修復することはまずありえない」[61]というのも正論である。確かに児童虐待対策としては、前にもすでに指摘したように、精神医学的、社会福祉的、ないしは行政レベルでの対応がまず考えられなければならない。法的対応としては、まず児童福祉法の整備・見直しが必要であり、その関連で二次的に民法の親権の規定の再検討も考慮されるべきであろう。しかし最後に、まさに〝ウルティマ・ラティオ〟としての刑事制裁もありえてよいのではないかと筆者は年来考えている。昭和四八年四月四日の最高裁判所大法廷の尊属殺違憲判決（刑集二七巻三号二六五頁）のうちの一事例は、周知のように父娘相姦により五人もの子どもを産んだ娘がこの地獄のような生活から脱け出し将来の平和な生活を得ようとしてその非道な実父を殺害したものであったし、児童相談所長の申立てにより親権喪失宣告をした珍しい事例（東京家裁八王子支部昭和五四年五月一六日審判家裁月報三二巻一号一六六頁）は、実父がまず長女に対し、中学二年時より性交を強要して虐待し、その後長女が実母と共に行方不明になったあと、本件の次女に対しても中学一年時よりたびたび性交を強要したため、同女が家出をして中学校教諭に救助を求め、児童相談所に一時保護されたところ、この父親は親権をたてにとり、同相談所に引取り方を強引に要求し、同女も、施設も、ともに困惑の末、申立てが行なわれたものである。この種のケースはこの二件にとどまらない。これらの場合には、家庭はすでに崩壊しているのであり、開き直ったいい方が許されるならば、今更崩壊を恐れなければならない家庭はそもそも存在しないのである。このような父親には刑事罰もやむを得ないのではなかろうか。それは単なる近親相姦ではなく、まさに性的虐待にほかならない。一八一〇年のフランス刑法にしろ、スウェーデンの性刑法改正案にしろ、近親相姦は不可罰でも、親とくに父親（または継父）の娘（またはまま娘）に対する性行為は加重強姦・強制わいせつ行為としてこれを重く処罰しているのである。[62] わが国にもそのような規定があったなら、この悲痛な娘たちは、これほど悲惨な体験を続けずにすみ、また逆説的にいえば、被害者が加害者に変身することも、加害者（父親）が被害者になることもなかったかも知れないのである。児童虐待に関するかぎり、わが現行刑法の謙抑主義は、児童の人権保護の視座を欠いたことに由来するのではないかといってはいい過ぎであろうか。

一九八三年から八四年にかけてジョージア大学で講師をして帰国された鳴門大学の佐々木保行教授（教育心理学）によれば、ジョージア州立女子刑務所の受刑者五五〇名弱のうち児童虐待罪の受刑者は数十名に及び、かつその中には、子供時代に実父や継父の性的虐待を受けた者が少なくなかったという。同教授はまた、前述の尊属殺ケースではないが、「かつての被害者が加害者に転化するという図式は、児童虐待の多くのケースに当てはまる」と指摘する。同教授の話の中でとくに私の注意をひいた一つは、同教授が帰国直前に面談をしたという一七歳の女子高校生の話であった。当人は、現在、里親の下で幸福な生活を送っているが、加害者の実父は「二二年の刑期」で服役中とのことであった。この二二年という長い刑期はおそらく単に児童虐待罪に対するものだけとも思われないが、その正確な根拠は明らかではなかった。正当な親権（懲戒権）の行使か児童虐待かは紙一重の場合も多く、虐待のすべてを刑事制裁の対象とし、相当の（必ずしも軽くはない）刑を科せばよいというものではないことはわかりきったことである。しかし、三人も四人も産んでは嬰児殺をくりかえしても、嬰児殺であれば、まず実刑を言い渡されることのない司法慣例については、筆者はかねてから疑義を呈しているところであるが、ことは嬰児殺にとどまらない。内藤道興医師（法医学）は、一九六五年から一九七九年までの一五年間に同医師が剖検した虐待致死事例九例につき「幼児虐待（Child Abuse）の研究」報告をしているが[(63)]、これは、剖検所見と事件経過の概要のほか、加害者に対する「法的処分」についてまで検討を加えた数少ないものである。それによると、右九例中半数近い四例は因果関係の立証に問題があるとして起訴猶予になり、起訴された五例中四例は、懲役二～三年、執行猶予三～五年、一例のみが懲役二年の実刑に処せられたという。しかも刑の執行を猶予されても「保護観察に付されたものはなく、従って治療への approach が断たれることになり、再発防止の面で危惧をおぼえる」と内藤医師は訴えている。これら諸般の事情を総合して、筆者は、わが国における子どもの人権に対する社会意識の低さ、無自覚さが問題に思われるのである。現行刑法はもとより、改正刑法草案も、子どもの保護に対する配慮が不十分であったのではないかと考える。スウェーデン刑法改正案を見て、とくにこの感を深くしたのである。

(48) 最初に、中谷「ボワソナアドと謙抑主義――近親相姦非犯罪化のルーツ」時の法令一一〇一号二頁（一九八一年）、次いで「被虐待児と法律」（注（13））四七二頁、さらに「性行為に対する刑事規制の限界――とくに姦通罪と近親相姦について」杏林社会科学研究一七頁（一九八四年）。
(49) 植松正「猥褻、姦淫および重婚に関する罪」刑事法講座七巻一五二二頁（一九五三年）。
(50) Lévi-Strauss, C., Les Structures élémentaire de la parenté, 1967, p. 914. 馬淵東一＝田島節夫監訳『親族の基

本構造』（上）七一頁（一九七七年）。

(51) たとえば、小此木啓吾「フロイトにおける近親相姦論の展開」現代思想・総特集「近親相姦」六七頁（一九七八年）。

(52) たとえば、旧刑法施行まで有効だった改定律例犯姦條例第二六一条は「凡父祖ノ妾伯叔姑姉妹及ヒ子孫ノ婦ヲ姦スル者ハ各懲役三年。強姦スル者ハ懲役終身。若シ母ノ姉妹及ヒ兄弟ノ妻、姪ノ妻ヲ姦スル者ハ懲役二年。妾ヲ姦スル者ハ各一等ヲ減ス。強姦スル者ハ並ニ懲役終身。若シ兄弟姉妹ノ女及ヒ前夫ノ女同母異父姉妹ヲ姦スル者ハ各懲役一年。強姦スル者ハ懲役終身」と規定していた。

(53) 早稲田大学図書館資料叢刊Ⅰ日本刑法草案会議筆記第Ⅲ分冊（以下日本刑法草案会議筆記と略称する）二〇三一頁。

(54) 前注に同じ。

(55) 日本刑法草案会議筆記二〇四四頁。

(56) 日本刑法草案会議筆記二〇三一頁、同二〇四四頁。

(57) Cf., Betänkande avgivet av 1977 års Sexualbrottskomitté, Våldtäkt och Andra Sexuella Övergrepp, 1982, Current Sweden. No. 300, Apr. 1983, pp. 2〜6. 中谷・前掲「性行為に関する刑事規制の限界」とくに一九頁以下参照。

(58) 前掲・総特集「近親相姦」のうち岸田秀「近親相姦のタブーの起原」三一頁以下、田中克己「遺伝学からみたインセスト・タブー」七八頁以下、ディビッド・F・アバール他（足立照也訳）「動物におけるインセスト・タブー」一七四頁以下、とくに一七六〜一八二頁参照。

(59) 中谷・前掲「性行為に関する刑事規制の限界」（注（48））二二頁。

(60) 日本刑法草案会議筆記二〇四四頁参照。

(61)　石川稔・前掲論文（注(10)）三一七頁および三二九頁注(24)参照。
(62)　See, Almbladh, Ingrid, New Proposed Amendments to Sweden's Penal Code Regulations on Sexual Misconduct, Current Sweden No. 300, April 1983, p. 5.
(63)　内藤道興「幼児虐待（Child Abuse）の研究」犯罪誌四七巻五～六号二〇七～二二一頁、とくに二二一頁（一九八一年）。

六　むすび——若干の提言

以上、児童虐待について、とくにわが国における調査結果を中心に縷々述べたが、最後にその要約と若干の提言を試みることとする。

①　これまでの調査・研究の結果によると、児童虐待は、通報制度が整わない間はどちらかといえば、知的・社会的に低い家庭に多発する（わが国ではまだその段階にとどまる）ように見えるが、通報制度の整ったのちのアメリカの例によれば、知的・社会経済的にあらゆる階層に発生するものであること。

②　子を虐待する親の中には幼児期に自ら虐待された体験をもつ者が多いこと。

表12　被虐待児の家庭の形態（％）

調査名＼家庭の形態	実父母	父子家庭	母子家庭	継父・継母
第２調査（1970～1974年，大阪）	47	9	2	35
第５調査（1975～1981年，東京）	29.3	39.1	8.7	23.9

（注）　本表は，第２調査については大阪児相・前掲紀要Ⅱ７頁表（９）により，第５調査については甘楽ら・前掲「被虐待児をめぐる社会病理」図７により作成した。

③　性的虐待の被害にあうのは女児に多いが、女子の性的虐待・近親相姦の体験は、その子の生涯に後遺症を残し、家出・売春など転落の原因となり、さらに犯罪者へ追いやる危険があること。

④　第二および第五調査における児童虐待の家庭の形態を比較すると**表12**のとおりである。第二調査に比べると第五調査では実父と継母、実母と継父を含めて両親のそろった家庭が激減して父子家庭が著しくふえたことが注目される。それが時代差（第二調査は一九七〇～七四年、第五調査は一九七五～八一年）によるものなのか、地域差（大阪と東京）によるものなのかは判然としないが、家庭崩壊が進んでいる傾向だけは顕著である。家庭崩壊が一方では児童虐待を、他方では少年非行を促進しているように思われる。二〇世紀は子どもの時代ともいわれるが、右の点をふまえると、子どもの受難はまだ終焉を迎えたとはいえない。児童虐待の被害者は、やがて成人すれば加害者に転化することが多いので、その連鎖を断ち切るためにも強力な医学的・社会的・法的対策が必要であり、刑法も最小・最終の対応をしなければならないと考える。

児童虐待の調査報告は、わが国では漸く出はじめたところであるが、実態が明らかになればなるほど少年法以外の刑事規制の中にも子どもの人権保障と健全育成のための視座をより明確に確立し、必要最小限の法整備と司法慣例の再検討を行うべきことを提言して本稿を閉じる。

〔後　注〕

a　一九八二年以後も、児童虐待に関する研究は数多く出版されているが、そのうち重要と思われる若干を追加紹介することにする。Bernecker/Merten/Wolff（Hg.）, Ohnmächtige Gewalt. Kindesmißhandlung: Folgen der Gewalt-Erfahrungen und Hilfe, 1982; Haesler, W. T.（Hg.）, Kindesmisshandlung, 1983; Carmi/Zimrin（Ed.）, Child Abuse, 1984; Brinkmann/Honig（Hg.）, Kinderschutz als sozialpolitische Praxis. Hilfe, Schutz und Kontrolle, 1984, さらに、少し遡って、Der Bundesminister für Jugend, Familie und Gesundheit（Hg.）, Kindersmißhandlung-Kinderschutz. Ein Überblick, 1980; Kempe, C. H.（Ed.）, Child Abuse and Neglect. The International Journal, Vol. 1〜7（1977〜1983）; Mrazek/Kempe, C. H.（Ed.）, Sexually Abused Children and Their Families, 1981 も重要である。

b　児童虐待の暗数の推計は、人によりまちまちであるが、一般に、五〜一〇%だけが統計にあらわれるとされる。ヴォルフは、児童虐待の暗数を年間六万〜一〇万件と推計している（Wolff, R., Der schwierige Versuch, Neues zu schaffen. Zur Entwicklung des Kinderschutz-Zentrums Berlin. In: Bernecker/Merten/Wolff（Hg.）, Ohnmächtige Gewalt, 1982, S. 121）。カイザー教授も、年間一二万件以上とも推計されていること、一九八三年三月四日付のバーデン新聞によるとドイツ児童保護連盟はこれを年間六万件と推計したことを紹介しているが、その巨大な暗数の推計には反対している（Kaiser, G., Kindesmißhandlung gestern und heute aus kriminologischer Sicht. In: Haesler（Hg.）, Kindesmisshandlung, 1983, S. 18f.）。ちなみに、警察犯罪統計上の狭義の児童虐待（二二三条ｂに含まれる）数は、一九八〇年の一、五〇九件から漸減して、一九八三年には一、三五〇件が計上されている

（解明率〔Aufklärungsquote〕九九・三%）。

c 西ドイツ警察犯罪統計で、被害者数および性別の明らかな一九七八年から八二年までの五年間の児童虐待の被害者数は、年平均一、五五八人で、その男女比は五三・七%対四六・三%で大差がないのに対し、児童の性的虐待の方は、一九七八年の一三、〇〇三件から一九八三年の一〇、九三九件と一一・三%も減少しているが、同じく一九七八年〜八二年の五年平均の被害者数は、未遂・既遂あわせて一五、二四七人で、その男女比は五年間平均で二三・八%対七六・二%と圧倒的に女児の被害者が多い。統計上の数は減っても男女比における女性比は増加傾向にあり、一九八四年七月一六日号のシュピーゲル（„Das geheime Verbrechen“）と同七月一九日号のシュテルン（„Wir wurden als Kinder miß braucht“）は相前後して父娘相姦の問題を特集して話題を呼んだほか、テレビでもこの問題がとりあげられ、また、Kavemann, B./Lohstöter, I., Väter als Täter などという本も出て今や大きな社会問題となっている。

d 本稿を印刷に付している間に、この草案は、国会で若干の修正が加えられ、原案の一二条は一三条となり、更に第四章第三条も改正して、一九八四年六月七日成立、一九八四年法律三九九号として六月一九日公布、七月一日から施行された。See, Svensk författningssamling, SFS 1984: Nr. 399.

6

児童虐待の現代的意義とその修正

『現代刑事法』第一八巻（現代法律出版、二〇〇〇年）所収

一　はじめに

洋の東西を問わず、近代までは子どもの人権は無視されていたといってよいが[1]、近代になると欧米社会では児童虐待に関する特別な法規定を有するようになり、児童虐待に関する研究も発表されてきた。とりわけ一九六一年秋、ケンプ（C. H. Kempe）教授（当時コロラド大学医学部小児科学）が〝the battered child syndrome〟と言う概念を提唱してから、この言葉が多用されるようになった。わが国でケンプらの研究が紹介され出したのは、一九七〇年頃からであった（精神・神経科関連・小児科医など主として臨床分野で）。なお、最高裁の尊属殺違憲判決[2]が出たのは、一九七三年である。一九七九年は国際児童年であったが、わが国では全養協主催のシンポジウムが開催され、法律家では筆者が代表してシンポジストとなったが、養護施設関係者の実態報告で、とても「親とは言えない」ような親の話を聞き、衝撃を受けた[3]（何れにせよ、児童虐待に関する詳細で基本的解釈として、やや古くは、拙稿「児童虐待と刑事規制の限界」団藤重光博士古希祝賀論文集第三巻（一九八四年）〈以下、中谷「刑事規制の限界」と略称〉二〇九～二五一頁（本書収録第5論文）および近くは女性犯罪研究会の実態調査に基づく萩原玉味・岩井宜子編著『児童虐待とその対策――実態調査を踏まえて』（一九九八年）を参照されたい）。

二　児童虐待の意義

(1)　児童虐待の定義

児童虐待については、「児童虐待調査委員会」が「『児童虐待』の定義」を発表している。

「児童虐待」の定義

親、または親に代わる保護者により、非偶発的に（単なる事故ではない、故意を含む）児童に加えられた、次の行為をいう。

①　身体的暴行　外傷の残る暴行、あるいは生命に危険のある暴行（外傷としては、打撲、あざ〔内出血〕、骨折、頭部外傷、刺傷、火傷、など。生命に危険のある暴行とは、首を絞める、ふとん蒸しにする、溺れさせる、逆さ吊りにする、毒物を飲ませる、食事を与えない、戸外に締め出す、一室に拘禁するなど）。

②　保護者の怠慢ないし拒否　遺棄、衣食住や清潔さについての健康状態を損なう放

置（栄養不良、極端な不潔、怠慢ないし拒否による病気の発生、学校に登校させないなど）。
③ 性的暴行 親による近親相姦、または親に代わる保護者による性的暴行。
④ 心理的虐待 以上の①②③を含まない、その他の極端な心理的外傷を与えたと思われる行為（心理的外傷とは、児童の不安、怯え、うつ状態、凍りつくような無感動や無反応、強い攻撃性、習癖異常など、日常生活に支障をきたす精神症状があらわれているものに限る）。

［児童虐待調査委員会］

(2) ケンプおよびトルーベ・ベッカーの児童虐待の定義

ケンプは、「虐待」を①物理的力の行使（＝刑法上の「暴行」：注筆者）、②身体的・情緒的放任、③情緒的虐待（＝精神的虐待：注筆者）、④性的利用 Sexual exploitation（＝性的虐待。近親相姦、性的いたずら、強姦のような行為による未成熟の子どもの利用：注筆者）の四つのカテゴリーに分け、また、被虐待児症候群については、「被虐待児症候群 the battered child syndrome すなわち重大な身体的虐待を受けた小児の臨床所見は、しばしば永久的障害または死の原因である。骨折、硬膜下出血、栄養失調、軟組織の腫脹または皮膚の打撲傷の形跡を明示している子どもや突然死した子どもの場合、または傷害（injury）の程度とタイプが、外傷の発生に関して述べられた病歴と一致しないときは、本症候群が考えられるべきである」としている。トルーベ・ベッカー（E. Trube-Becker）は、「子どもに対する暴力――子どもの放置、虐待、性的濫用（性的虐待、実質はわが刑法の強姦・強制わいせつにあたる：注筆者）および殺害」という著書の中で、「児童虐待は、全ての場合において、両親またはその他の教育権者の権威的な力の濫用である」と定義している。(4)

(3) 法規定（立法例）上の児童虐待の定義

前述の臨床医学的な児童虐待の定義に対して、児童虐待の法的構成としては、たとえば西ドイツの「保護を命ぜられた者に対する虐待」（この中に児童虐待も含まれている）を規定する刑法二二三条bは、「虐待（Mißhandlung）」にあたる行為として「折檻（quälen）」「虐待（roh mißhandeln）」、これらの者（＝保護を命じられた者等）のために配慮すべき義務を「悪意で懈怠すること（böswillige Vernachlässigung）」を挙げている。これとほぼ同旨の一九七五年のオーストリア刑法九二条は、「肉体または精神的に苦痛（quälen）を与える」ことと規定し（刑は二年以下の自由刑）、あわせてその結果的加重犯としての虐待致死傷（同条三項。刑は基本的には三年以下の自由刑であるが、重傷害の場合は五年以下、致死の場合は一年以上一〇年以下の自由刑と加重される）を規定している。また、最も事例報告が多く、研究も進んでいると見られる米国でも、一九七四年の連邦「児童虐待の予防と治療に関する法律

(Child Abuse Prevention and Treatment Act, USCA 42 § 5101 et seq. Pub. L. 93-247, § 3, Jan. 31, 1974, 88 Stat. 5) によれば、「『児童虐待(child abuse) および放任(neglect)』とは、国務長官によって制定された法規に規定されたような方法で子の健康または福祉が侵害され、または脅かされていることを示す情況の下で、子どもの福祉に責任ある者による、一八歳未満の子の身体的または精神的傷害、性的虐待、治療の懈怠または虐待(maltreatment) を意味する」と定義されている。

三 児童虐待の暗数の高さと通報法法定の必要性

(1) 児童虐待の実態と暗数

児童虐待については、後述のように、わが国でも有意義な実態調査報告が発表されている。しかし、児童が被害者である犯罪統計はない。前述のように、ドイツでは児童が犯罪の客体になった場合をまとめて表にしているので児童虐待の実態がかなりはっきり認識できるが[5]、わが国にはそれがないので、児童が何らかの虐待を加えられても、それらは暴行罪・傷害罪・傷害致死罪、極端な場合には殺人罪など一般の犯罪に括られてしまい、実態が判然としないのである。しかし、児童虐待の実数の不明確さ（＝暗数が高い）傾向はわが国だけではなく、ドイツやアメリカでも指摘されている。

(2) ドイツでの児童虐待の暗数評価

わが国に比べると、児童虐待に対する法的対応にすぐれていると考えられるドイツでは、児童がいろいろな被害にあっている犯罪の統計があり、それらを見ると、年間一五〇〇〜三〇〇〇件くらいが報告されているのであるが、犯罪学者・法医学者らは、児童虐待の実数は年間三万件から八万件（最高一二万件）ぐらいであろうと推計している。

暗数が高いことは、虐待を受けている子どもの救済ができないことを意味するので、できるだけ暗数を減らす工夫が必要なのである。

(3) フロリダ州の体験

アメリカのフロリダ州は、前述の「被虐待児症候群」の研究発表が行われた（一九六一年）ケンプ教授の地元であるが、一九六七年に児童虐待通報法（Reporting Act）が制定・施行された。その結果、前年までは一年間の通報はたった一七件に過ぎなかったのに、この法律施行後は、一躍一万九一二〇件に急増したといわれる。(6)

児童虐待は、放っておけば、いかに暗数が高いかを実証する好事例といえよう。

実は、日本の児童福祉法二八条にも、保護者の児童虐待等の措置に関する規定はある。しかし、それは、都道府県の措置を規定しているだけである。さらに、虐待の事実に気づいた者の通報義務も児童福祉法二五条に規定はしているのであるが、通報義務者は明示されていないのである。通報は、加害者と疑われる者を特定することになり、それは、加害者の人権・プライバシーの侵害につながるだけに、差し控えられ易いのである。したがって、虐待を受けている子どもの福祉と健全育成のためには、どうしてもこの種の法的対応が望まれるのである。森田ゆり氏（長くアメリカのカリフォルニア大学で人権問題のトレーナー・アナリストとして児童虐待に携わってきた経験をもち、帰国後日本CAPトレーニングセンターの代表として活躍）によると、アメリカでは一九六三年にフロリダで通報（告）法が制定されてから一九六六年までの三年間に同旨の法律がアメリカ全州にできたという。[7]

アメリカの事情に詳しい文化人類学者、故我妻洋教授は、[8]日本には小・中学校での身体検査という制度があるから、そこでかなりの数の児童虐待が認知できるはずだと言っておられた。他方、後述のように、わが国にはすぐれた児童虐待の調査報告書（第一〜第七調査報告書および第八調査報告書として女性犯罪研究会による実態調査報告書）がある。ところが、七報告書を通じて遺憾ながら学校側からの通報はわずかに五〜一〇％に過ぎず、医師からの通報に至っては皆無であったという。これらを勘案すると、どうしても現在の通報義務の法定（児童福祉法二五条、二八条）だけではなく、通報義務者の特定（アメリカの各州法参照——教育関係者（給食係や一般事務職員を含む）、医師、看護婦、ケースワーカー等医療関係者、警察官、保護観察官、福祉相談員などを網羅）し、しかも通報義務違反に対する罰則も（必ずしも高額ではないが）法定されていることを参考にした有効な法改正が必要であると思われる。(9)

四　貴重なわが国の児童虐待の実態調査報告書

(1)　児童虐待実態調査報告書

その第一調査は、一九七四年の厚生省調査であり、この調査の対象例は僅かに二〇例に過ぎないが、そのうち、加害者が実父である例は、一三例（六五％）で過半数を占め、そのうち犯行時飲酒・酩酊状態にあり、これが犯行の原因または誘引となったと考えられるものが全体の五〇％弱（六例）に見られるものの、「精神発育遅滞」と「性格上問題有」は、あわせて三例（二五％）にとどまるのに対し、加害者が実母の場合は、「精神発育遅滞」と「性格上問題有」は計六例で、八六％と際立って高率である。いずれも例数が少ないので、上のパーセンテージを絶対視することは許されないが、実母の虐待例に加害者の精神障害の比率が高いことは、どの調査例にも共通して見られる傾向であり、このことは、特に母子一体感が強いといわれるわが国で、母親がわが子を虐待することは、当然のことながら例外的なものであり、それが母親の精神障害に起因することが多いことを示すものとして理解できなくはない（自殺に際しての子の殺害のケースなど）。もっとも、この論理が昨今の母親による児童虐待にも妥当するかは、疑問である。なお、わが国の児童虐待の実態を把握するには、これらの調査報告は必見の資料であり、これらを丹念に分析した結果を一〇枚の図表に分析・明示しているので、中谷「児童虐待と刑事規制の限界」（本書収録第5論文）を是非参照されたい(10)。

五　兇悪化する少年犯罪の動向と「いじめ」

(1)　最近、少年、特に年齢一七歳を中心とする少年の非行・犯罪が社会問題となっている。少年非行は何も今にはじまったことではない。筆者も幼い頃、家庭内暴力で家族を悩ませる親族の存在に心を痛め、この親族を殺害して一家の平和を得たいと考えたことすらある。この人は成人後もいろいろ問題を起こしたが、父親が決して見捨てず、中学中退後もそれなりの専門学校へ進学させ、晩年は地域社会に奉仕する有力者となって生涯を閉じた。可塑性のある少年に対しては、教育者も家族も匙を投げずに対応することがいかに大切かを肝に銘じている。

(2)　最近の憂慮すべき少年問題は、何かといえばすぐ「キレル」少年、学校内における「いじめ」

の問題がある。それが、五〇〇〇万円もの恐喝が行われているのに被害少年の母親の訴えに対して警察は、「被害届」を出さない限り取り上げようとせず、当然気づくべき学級担任他、学校サイドも手を抜くというオール無責任。非行の子どもだけでなく、教育関係者、警察の猛省を促したい。

このような状況をふまえて、これまで児童虐待の定義においては、前述のように加害者は子の親・後見人その他の子の育成に責任をもつ者に限定されているのであるが、今や学校内の「いじめ」についても「児童虐待」の延長として扶養義務者や教育関係者、更に警察の対応を求める運動を展開する必要があるのではないかと考える。このようなことはハタから介入すべきことではないが、それを口に出していう必要を感じるということは、それだけ日本の「社会」が病んでいる証拠であり、遺憾の極みというべきであろう。

六　児童虐待と少子化時代、パラサイト・シングルの時代という社会的背景

(1)　先頃（平成一二年六月二九日）厚生省は、人口動態統計において昨年（一九九九年）、合計特殊出生率（一人の女性が一生のうちに平均何人の子どもを産むかを示すもの）が前年（一九九八年）の一・

三八から一・三四に急減し、過去最低を更新したと発表した。

終戦直後の第一次ベビーブームの一九四九年には四・三二の高率であったし、いわゆる丙午（ひのえうま）の迷信から出産が差し控えられて出生率が一時的に急減した一九六六年でさえ二・一四であったことを考えると、まさに文字通り少子化時代を考えざるを得ない。

わが国で出生率も出生数も減りはじめたのは昭和五〇年（一九七〇年代半ば）からであるといわれ、今や、わが国は超高齢化と少子化の二極分化が進み、いろいろな社会問題を醸成しつつある。厚生省では少子化対策として「エンゼル・プラン」を、高齢者支援対策としては「ゴールド・プラン」を進めてきたが、平成一〇年版厚生白書は「少子化社会を考える――子どもを産み育てることに『夢』を持てる社会」を特集している。

少子化は、児童虐待との関連ではこれを抑止する傾向が出来ると考えられるが、かけ替えのない子どもだけに、親の期待に反したときは、却ってひどい虐待が行われることになりかねない。毛沢東の人口政策によって「一人っ子」政策を進めている中国では、子どもたちはいずれも王女様か王子様のように大切に取り扱われていたが、調べてみると農村地帯では労働力に優る男児願望が強く、男女の出生比が五対一という予想をこえた現実が報告されていた（つまり、男子出生前の出産女児は殺害されているのである）。中国の定年年齢は満五〇歳であるが、退職後の年金は、就労賃金の六割が保証されるという（但し、一九九〇年頃の話）。この制度が健全に運用されるためには、年金支給の源資を負担する若年齢の援助が必要なわけで、一人っ子政策の健全運営はやがて行き詰まるのではないかと訊ねたことがある。その答えは肯定であったが、中国としては紀元二〇〇〇年（二一世紀）までに人口の増加を何とか一二億〜一三億程度に抑えて新世紀を迎えるという悲願を達成しなければならないのだという返事であった。

筆者は目下厚生省の生殖補助医療技術専門委員会で不妊症に悩む夫婦のためにいろいろな技法を提供しようと努力している（当専門委員会の報告書（ジュリスト参照））。その過程でとくに痛感したのは、自他を問わず、生命の招来（創造）にも、与えられた生命の尊厳と幸福にも、誠実に対応すべきだということである。

(2) 少子化時代到来の原因として、若年男女の晩婚化が挙げられ、更にその原因として男女ともコンビニエンス・ストアの充実など社会資源の活用によって結婚の必要を感じなかったり、親の許に寄生して経済的に豊かで気楽な生活を堪能しようとするいわゆる「パラサイト・シングル」の時代[11]という社会的背景が最近一躍注目を浴びている。パラサイト・シングルが単に家族を犠牲にすることに終わらず、自らの生き甲斐――単に享楽のためではなく、研究や思索や社会奉仕等に繋がるのであれば、個人の生き方として肯定されるべきであり、その場合は本来的な児童虐待との関わりは全く生じないか、少なくとも少数にとどまることになろう。

七　おわりに——若干の提言

(1)　上記六に筆者はやや蛇足を加えた憾があるが、本論に立ち返って、上記三に詳述したように未だに児童虐待の暗数の高さを顧みるとき、どうしても虐待の事実を認知したときの通報制度を法定する必要があり、そのためには児童福祉法に通報義務者を明定すること(補注1)、および虐待被害者の民間支援グループの充実のため、今われわれは何を為すべきか、誠実にかつ真剣に考えなければならないことを声を大にして強調したい。

(2)　性的児童虐待については、その被害児の被害の深く大きいことを思うと、刑法の強姦罪(一七七条)または強制わいせつ罪(一七六条)とは別に旧刑法にはあった親属相姦(近親相姦)の規定を置くのがむしろ望ましいと考える。(12)(13)

(3)　筆者が日頃痛感していることの一つに、わが立法では子どもの視座に配慮した規定がない(少なくとも非常に少ない)ということがある。近親相姦(インセスト)規定の欠如もそうであるが、最近、少女買春ツアーが国際的に問題になったことがある。自国内で海外からの買春ツアーの相手となる少女に対する刑法改正(タイ、フィリッピンなど)、海外に少女買春に出かける男性を処罰の対象とする刑法の改正を実施した（ドイツ、フランス、スウェーデンなど）[14]。「日本ではどうするのか」と法務省の立法担当参事官に質問したことがある。返事は「わざわざ刑法を改正する必要は全くありません。買春ツアーなどを企画する業者を取り締まれば充分ではありませんか。」と明快そのもの。しかし、自国の少女・買春の相手となる海外の少女に対する配慮の一かけらもないのに慄然とした思いはまだ鮮明に残っている。

少女の幼少時の性的虐待は、その子の生涯を支配し、売春その他の非行、更にはわが子への虐待に繋がるといわれる。被害者、特に子どもの視座から法的対応、さらには警察など行政における対応を充実していきたいものである。[15]

（1） 子どもの人権無視の歴史については、東洋の古法では「法律問答七〇」、「韓非子六反」、西欧については、とりあえず Schable Fink, Beate, Das Delikte der kerperlichen Kindes-mißhandlung, 1968 と DeMause, l.(Ed.), The History of Childhood, 1974 だけを挙げておく。なお、中谷「刑事規制の限界」二一〇〜二一二頁参照。

（2） 昭和四八年四月四日最高裁大法廷判決。この事件は一四歳の頃、実父から性的虐待（インセスト）を受け、いくら諌めてもこれをやめない夫に愛想をつかして実母が他の子どもたちをつれて家を出たあとは実父と夫婦同様の生活を強いられ、同人との間に数人の子を儲けるという異常な境遇にあった二九歳の女性が、職場の同僚と愛し合うようになり、結婚の意思を実父に打ち明けたところ、現在の子どもたちは実父との間の子であるなど実状をばらして結婚などできないようにしてやるなど、夜も眠らされず、脅迫、虐待を受け、この父の生きている限り自らの幸せはないと思いつめ、たまたま酒に酔いつぶれた父を絞殺したという事例である。

刑法二〇〇条は尊属殺について「死刑又ハ無期懲役ニ処ス」と規定していたから、どんなに軽くても処断刑は懲役七年の刑となり、執行猶予に付すことのできない重罰規定であったが、親が子どもを殺したときは普通殺人罪（刑法一九九条）として酌量減刑されるときは一年半の懲役刑まで軽くすることができるのと対比し、重罰に過ぎるから違憲無効であると判示された（一四対一の多数決）。付言すれば、違憲法規とされた以上この条文は当然直ちに削除されるべきであったところ、二〇年余も放置されていたので、非難の声も少なからず聞かれたが、平成七年法九一号によって、平成七年六月一日から廃止され、現在六法全書の中には「第二〇〇条（尊属殺）削除（平成七年法九一）」とだけ記載されている。

なお、昨今の少年による親殺しについては「少年」という一点を除き、情状酌量の要因は認められない場合もあろうが、もともと一般の「殺人罪」（一九九条）の刑の上限は「死刑」であるから、それ以上の重罰規定は本来不要だったのである。

（3）全国社会養護施設協議会編『親権を問う!!』季刊児童養護・国際児童年記念特集号、とくに、「養護施設児童の親などの人権侵害の実態」九〜一六頁参照。

（4）Trube-Becker, Gewalt gegen das Kind, Vernachlässigung, Mißhandlung, sexueller Mißbrauch und Tötung von Kindern, (1982).

（5）中谷「刑事規制の限界」二二二〜二二三頁処掲の**表2**「西ドイツにおいて子どもに対する犯罪の理由で有罪判決を受けた者と被害児の数（年齢別）」参照（本書一三八―一三九頁）。

（6）我妻洋『児童虐待・家族の崩壊』（一九八五年）一七二頁参照。

（7）一九九七年明治学院大学で開催された「児童虐待――わが国における現状と課題」と題するシンポジウムにシンポジストとして参加された森田ゆり氏の「アメリカの法とその実践」の中で明らかにされた（同書六三頁参照）。なお、同書には、シンポジウムの記録だけではなく、得難い資料、文献（日本だけでなく世界広汎な）を収めていて極めて有用である。

（8）長い間アメリカに滞在し、ピッツバーグ大学、カリフォルニア大学の教授を歴任して活躍したのち、帰国されて筑波大学の教授となり、アメリカの一九七〇年代の後半以降、家族崩壊の問題とくに性的虐待、父娘間インセストなどを中心に精力的に研究を続けておられたが、食道癌を発病し、惜しくも若くして逝去された（東京工業大学に移籍して間もなく）。

（9）単に虐待と疑われる事実の通報および通報義務者を明確に法定するだけではなく、通報を受けた警察の対応も問われなければならない。最近、幼児に食事を与えない事実に気づいた近隣の人が警察に通報したのに、警察が、これに全く対応しなかったために数日後に幼児は餓死したというケースが報道された。

（10）第5調査における加害者の状況について、中谷「刑事規制の限界」二三一頁**表7**参照（本書一五〇頁）。

（11）「パラサイト・シングルの時代」というネーミングは、山田昌弘教授の著書によるものと思われるが、その着想の妙とその内容の適切さが人々の心を捉え瞬く間に普及して、今や巷に氾濫していると言ってよい。

（12）旧刑法で伝統的に規定されていた親属相姦の規定が、現行刑法の草案策定の過程でボワソナアドの勧奨により法定されず、社会のモラルに委ねるべきものとされたことは、日本刑法草案会議日誌に詳細に記録されている。しかし筆者は、児童虐待、とくにインセストに対応するためにこの種の規定の新設の必要をある会議で述べたことがある。これに対しある刑事法学者から近親相姦の規定の新設は「時期尚早」であると一蹴されたことがある。エディプス・コンプレックスに基づく原父殺し（尊属殺）とインセストタブーは古代からの二大根元的禁忌として認められているのであるから、「時期尚早」といわれた認識の低さ（無知）に呆れて、事後その研究者を尊敬する気持を喪ってしまった。

（13）これらの問題については中谷瑾子編著『子殺し・親殺しの背景——《親知らず・子知らずの時代》を考える』（有斐閣新書、一九八二年）、とくに第六章「子殺し・親殺しの構造分析」（福島章執筆）参照。

（14）国立国会図書館調査及び立法考査局編「外国の立法」二〇二号（一九九八年）三三—三四頁、二三—三二頁参照。

(15)　「日本の子殺しの研究」で著名な教育心理学者・佐々木保行教授（当初宇都宮大学、後に鳴門大学）が、アメリカのジョージア州女子刑務所を訪問したところ、五五〇名弱の受刑者のうち、児童虐待罪の受刑者が数十名もいて、しかもその中には、子供時代に実父や継父の性的虐待を受けた者が少なくなかったこと、受刑者の一人の加害者（実父）は二二年の刑期で服役中とか、わが国の司法とは比較にならない厳しい対応に考えさせられるものが多い報告であった。この被害者がやがて加害者に転化する悪しき連鎖を断つためにも本文に列挙した対応が望まれるのである。

(補注1)　平成一二年には「児童虐待の防止等に関する法律」（法律八二号）が制定され、児童虐待に係る通告の規定（第六条）は設けられたが、残念ながら通告義務者は特定されていない。

児童虐待を考える

中谷瑾子《なかたにきんこ》

慶應義塾大学名誉教授
法学博士　弁護士

初版第１刷発行　2003年12月20日

著　者
中谷瑾子

発行者
袖　山　貴＝村岡侖衛

発行所
信山社出版株式会社
113-0033　東京都文京区本郷6-2-9-102
TEL　03-3818-1019　FAX　03-3818-0344

印刷　亜細亜印刷　製本　渋谷文泉閣

ISBN　4-7972-5263-4　C3032